勇者可以受委屈
但是你無法反駁我的邏輯

1

CIBALA 著

三民書局

現代版《唐吉訶德》

每個人的心裡都有話語，在人生旅途上也都有自己想要說的故事。然而，要將專業知識，尤其是有點艱澀難懂的邏輯學，化做栩栩如生的人物、精彩又吸引人的故事，如同《愛麗絲夢遊仙境》會讓人一直想看去、欲罷而不能，絕對是極為困難的任務。

然而，Cibala 老師做到了，非常難得啊！我想這絕非僅是個人的想像，而是來自 Cibala 老師多年來從事兒童哲學教學中激發出的靈感，在面對一群調皮搗蛋又懵懂的小朋友們，Cibala 老師要用什麼方式來傳授或啟發他們的邏輯思考呢？想必最有效也最吸引小朋友的方式就是講「故事」，將語言問題和邏輯觀念自然地融入一場驚奇、冒險的英雄旅程的故事中。第一次閱讀時，感覺像在看現代版的《唐吉訶德》，精彩極了！

關於如何閱讀此本邏輯小說兼教材，個人有些建議：

1. 只看小說部分，邏輯祕典和勇者挑戰等完全跳過，直接沉浸在故事中並期待第二集盡快出版。

2. 每個人先天上與後天上都具有邏輯相關觀念，閱讀上若覺得怪怪的可以標上「？」自己嘗試找出問題以及猜想可能的解答，無論想對、想錯或者不是很確切，都是一種樂趣。最有趣的思考其實就是在未知的世界中思索，充滿著不確定性。

3. 若作為一種中、小學生或兒童的邏輯教材，按排版的先後閱讀、思索與學習即可。但若有家長的陪讀與探討，就有機會讓父母與小孩理解彼此的思考方法，因而彼此溝通更順暢，進而增進親子關係，一舉兩得。

本書章節標題取得很妙，「○○之國／鎮」就是一種世界觀，雖然讓人噴飯好笑、荒腔走板，但卻是一種警惕世人的極端觀點。Cibala 老師在故事或說明中都有解決之道，這談何容易！東西方大哲都曾強調「中庸之道」或「黃金之道」，實踐上卻又是何等困難啊！

在人生旅途上也許就是透過不斷的琢磨與學習，讓自己更成熟也更理智，在這個過程中最關鍵的是「反思」說得具體就是《左傳》說的：「人誰無過，過而能改，善莫大焉。」大白話即是：「試問誰人沒有過失呢？沒有比知錯能改更可貴的了。」願意反省而知錯能改，就擁有最可貴的修養了，如此簡單，與聰不聰明、身分地位……統統無關。

認識 Cibala 老師約二十載，很榮幸能為他的大作寫推薦序，但更重要的是為了「我們的孩子」，個人極力推薦師長與家長們鼓勵我們小孩閱讀這一本有趣又有用的邏輯小說，讓他／她們擁有終身受用的思考工具，進而成為理性的文明人，讓未來的世界更平和。

臺灣師範大學通識教育中心教授、《翻滾吧！男孩》《科學少女》電影監製　王銀國

邏輯——獨行俠式城市公民的燈塔

在古希臘城邦政治時期，雅典的公民在言論上是相當自由且平等的。因此，每當有爭論時，也就是說，兩個人有不同的想法，或一群人中出現許多不同的意見時，爭論是非對錯之解決方式，並非根據持有不同看法的人的社會地位、財富、或權勢來決定；而是堅持己見的人，需要提出一個具有說服力的論證，來確認在爭論中自已的看法是正確的。所謂具有說服力的論證，基本上是把一些已知的事實或者是大家，特別是對方，能夠接受的看法，當作證據或理由來支持自己的看法，而且從這些證據或理由，得以合理地推論出自已所堅持的觀點。這種基於明確事實的證據，以及對方都可以接受的理由，利用合理的推論程序所獲得的結論，顯然具有相當程度的客觀性與合理性。從而迫使對方放棄己見。因此，如何建立具有合理性、客觀性與說服力的論證，一直都是希臘的公民念茲在茲的要務。

在這個氛圍下，西元前四世紀的亞里斯多德，在致力於哲學百科全書式的論述中，有幾本小冊子特別專注於如何建構一個好的論證之理論。首先，在《範疇篇》一書中，他主張我們所使用的語詞，不論是用來指稱事物的「名稱」或是藉以表示事物性質或關係的「概念」，都應該有個適當的分類。不同類別之間的概念或名稱之語詞間會有一些從屬或對立的關係。（如「動物」這個概念是從屬於「人類」這個概念。）這種概念間的關係會決定我們用來陳述我們的看法之語句的真假。在《論解釋篇》一書中，他先明確且清楚地定義一些基本語詞，進而說明比較複合性的語詞與語詞表示的意義，及其適當的應用。藉此，我們所使用的述句意義，可以被正確理解，而其真假可以被明確判定。在這兩本書所建立的基礎上，在《分析前篇》與《分析後篇》中，亞里斯多德提出後世所熟知以三句式論證 (syllogism) 為核心的亞里斯多德邏輯。基本上這是關於如何建構一個好的論證形式的理論。他闡述一個好的論證中，如何藉著對語句的主—述詞邏輯結構之分析，接著以作為證據或理由的前提來推衍出結論。進而歸納出具備哪種形式的論證是好的論證(在邏輯的術語稱之為「中效的論證」)。大約在西元一世紀左右，他的追隨者把這些著作加上一些相關作品，包括《論辯篇》和《辨謬篇》，彙集成一般所熟知的《工具論》，並且概括性的稱之為「亞里斯多德邏輯」。

自此之後，亞里斯多德邏輯支配著整個西歐文明的發展。亞里斯多德就是邏輯的代言人！中世紀時期，邏輯是教會神職人員、貴族與知識分子必須專注的七藝之一。近代德國哲學家康德強調，亞里斯多德邏輯是人類知識的典範，是所有知識的邏輯。愛恩斯坦更宣稱亞里斯多德邏輯，與歐幾里德的幾何學公設系統是歐洲文明的兩大基石！

但十九世紀末德國的數學家、邏輯學家與哲學家弗列格發現亞里斯多德邏輯不夠周全。他所歸納出的「中效的論證」形式不夠完整。特別是無法充分且明確地表述語言與思考(或判斷)以及世界的關係。為此，他建立一個嶄新的邏輯系統——我們今天所熟知的「數學邏輯」或「形式邏輯」。

概括地說，弗列格所建立的新邏輯不僅保存了亞里斯多德邏輯中所有中效的論證形式，也提供了更多樣中效的論證形式。而且新的邏輯更注重實際的推論過程以及推論的合理性。更重要的是，新的邏輯本身所建構的，本質上就是一個真的理論：一個嘗試把所有真理利用公設化的方法並加以系統化的科學理論。從這個角度來看，就不難理解為什麼新的邏輯很快就被視為各種科學，不只是數學、自然科學，乃至於社會科學與人文科學的基礎。科學家普遍認為，任何一個科學理論必須具有邏輯的嚴謹與精確。一個缺乏明確邏輯結構的理論很難經得起嚴格的事實考驗。至於在日常生活辯論上，對於不同觀點的取捨，合乎邏輯與否的批判性思考更是不可或缺的指引。這也許是為什麼歐美的教育早在中小學階段就開始加入邏輯有關的課程。

尤其在目前的社群媒體上充斥著各式各樣的假訊息，以及牽強附會的推論，具有合理性與客觀性的邏輯思考方式顯得格外的重要。按照邏輯的觀點，違反事實的陳述就是假的資訊。這些假的資訊大多是出於誤判，若是刻意，更是謊言甚至是詐欺了。缺乏有力的證據作為前提或理由，以及違反邏輯推理的論證，如果不是穿鑿附會就是刻意誤導。而根據被誤導的判斷與虛假的資訊很難有正確的決策。

我們或許可以從文明的演化及其與科學發展的關係來看人類歷史的進程。在農業時代，由一群數學家組成的畢達格拉斯學派所建構的幾何學堪稱是農業文明的核心。這或許是為什麼柏拉圖所建立的學園要標示幾何學的重要──「不懂幾何學的人勿入！」工業革命及其後機械產業，乃至於二十世紀中葉以來，電子產品的蓬勃更是植根於以牛頓力學、基本化學及電磁學等基礎科學為核心的科技文明。這也許是為什麼自從有以學校為據點的教育系統開始以來，中小學生就需要學習數學與基礎科學。目前，我們社會上的普羅眾生對於一般的科學知識，知名科學家如牛頓、愛恩斯坦皆可朗朗上口。我們很難想像如果要等到大學時期才會只有一小部分的人能夠學習數學與物理、化學、生物等基礎科學，這樣的社會能否發展出當代人所引以為傲的科技文明，是非常可疑的。

有意思的是，二十一世紀的今天，當我們自詡已經步入奠基於電腦科學的人工智慧時代。而電腦科學正是由一群邏輯學家在一九三〇年代左右開宗立戶的科學領域。諷刺的是，在臺灣，我們只有在大學課堂上少數學系、學程的學生才能修到邏輯課程，而且只是很基本、很簡略的東西。因此，雖然很多人隨口說出：「這不合邏輯！」但所謂「合理性的邏輯推理」、「客觀的批判思考」對很多人來說卻是可仰望而不可企及的。

本書作者Cibala大學主修資訊，素來深知邏輯在資訊、電腦科學，與人工智慧發展上的重要性，乃轉行投入哲學研究。在研究所階段致力於邏輯、語言哲學的研究。近年來，目睹著電腦、資訊、人工智能及相關領域在近二十年的急速發展，Cibala理解到，為了能讓這些領域的發展有一個更堅實更廣泛的基礎，邏輯思考教育需要提前扎根。如果小學就需要讀數學，中學就要涉獵基礎科學，為什麼不讓我們的下一代提早熟諳邏輯推理與批判思考？有別於目前可以在圖書館或書局看到汗牛充棟、各式各樣的邏輯教科書，這本書嘗試以小說式的筆法來細說邏輯。藉著小說中的主角康傑先生——一個獨行俠式的勇者——來說明邏輯的基本術語，進而討論邏輯的基本觀念，再進一步申述幾種略具代表性的邏輯推理。這種寓教於樂的呈現方式或許不夠嚴謹、不夠周詳，但每個故事及其所蘊含的邏輯要義應該可以讓讀者回味再三。

如果我們期望能身處於一個具合理性的社群，而其中大多數人在大多數的場合能以客觀的論述為主流，我們真的需要讓更多的普羅眾生，甚至我們的下一代提早涉獵這方面的東西。畢竟，所謂的邏輯素養、批判思考、合理性的客觀論述的能力絕非一蹴可幾。更需要的是長時間的浸染。這本書或許不像歐幾理德的「幾何原典」那麼經典，但絕對可以當作一個小有分量的敲門磚。或許它足以替許許多多的普羅眾生以及下一代打開更寬闊更絢爛的視野！

牛津大學哲學博士　楊金穆

貳 在故事中與邏輯相遇：感受思考的樂趣

從沒想過能在主題為「邏輯」的長篇故事中，獲得如此絕妙的閱讀體驗。推薦《勇者可以受委屈，但是你無法反駁我的邏輯㈠》的原因實在太多，希望在此誠摯地分享其中本書的三個精彩之處：首先，是任何讀者皆能藉由閱讀本書，輕鬆且愉快地認識「邏輯」；接著，是為好的思考習慣提供了深刻的指引；最後，則是能夠在閱讀的過程中享受思考的樂趣。

㈠跟著勇者在冒險之旅中認識邏輯

翻開這本書前，你可能也沒有想過，竟然會是在一本充滿想像力的長篇小說中與「邏輯」相遇。

身處變化如此迅速的現代世界，獨立思考的重要性越來越顯著，而好的思考習慣則仰賴「邏輯」，但邏輯作為哲學的專業學科，很少人能在課堂以外將它說得清晰易懂；或許很多人都知道邏輯的重要，卻未曾真正理解它。

那麼我們將會如何在此書認識「邏輯」？作者不以教科書的方式呈現其內容，反而是藉由一場又一場富有創意的冒險情境，以及故事中大量發人省思的對話，帶領讀者在旅途中一步步了解它。

㈡藉由好的思考習慣看見不一樣的世界

我相當佩服作者在寫作上的創意，更對於其願意以這樣的方式呈現本應艱深的學術內容感到敬佩，成功地轉化專業於大眾，特別是年紀更低的讀者——這正是深厚的學識與寫作功力的展現。讀者一定都能在閱讀本書的過程裡，深切地感受到「思考」的力量，同時亦能看見「邏輯」如魔法般的魅力與影響力。

為什麼是如魔法般的魅力呢？在日常生活中的判斷和選擇，時常會出現思考上的盲點，人們也會因此困擾，甚至裹足不前。我很喜歡書中相當有智慧的一段話「每一種選擇法，都無法保證最好的結果。選擇中的理性關心的不是最後的結果，而是過程。不管怎麼選都可能有難以預料的結果，結果的好壞應該與當初的選擇無關……結果對下次的選擇有意義，妳應該把它應用在新的選擇中，而不是後悔責備過去的選擇。」簡單的敘述卻為人們的思考習慣提供了深刻的指引，若能進一步自我反思，其影響力則無需多言。

㈢在閱讀的旅程裡享受思考的樂趣

作者希望讀者能以一種「旅行」的心情閱讀《勇者可以受委屈，但是你無法反駁我的邏輯㈠》，這也是我閱讀此書的感受。彷彿自己就在主角康傑的身邊，一同體驗旅行途中的所有經歷，就算暫時闔上書本，那些旅程裡進行過的對話仍然留在腦海，並與現實生活相互呼應。

如果你見過本書作者Cibala（也就是孩子們非常喜愛的「蒲老師」）的哲學課堂，那麼你一定會驚嘆，孩子們竟然能因為一個個「想清楚了」的瞬間而笑得前俯後仰；如果你沒有機會親眼見到這樣的景象，相信閱讀本書同樣能產生許多令你會心一笑的時刻。神奇的是，這些因為思考產生的「樂趣」，並沒有年齡的限制，無論你是大人、青少年或小孩，都能盡情感受！

誠摯推薦本書的同時，還想感謝Cibala完成了這美好的著作，為讀者開創了更加廣闊的視野，也為臺大哲學系兒童哲學研發中心(ChildPhilosophER)留下如此珍貴的教材。我已迫不及待分享勇者的故事給兒童哲學課的孩子們，以及願意思考、熱愛思考，和正在思考的每一個人。

臺大哲學系兒童哲學研發中心執行長　蔡言函

導論

關於本書

本書受兩句話的啟發而成。哲學家維根斯坦曾說：「一本嚴肅偉大的哲學書，完全可以用笑話寫成。」我喜歡笑話，喜歡哲學中的邏輯，也喜歡這句話，於是便有了把邏輯寫得好笑一點的夢想。

但夢想沒有立刻實現，因為我根本不知道從何做起。多年以後我才遇見了第二句話，尼采說：「其實人跟樹是一樣的，越是嚮往高處的陽光，它的根就越要伸向黑暗的地底。」這話乍看只與「嚮往」有關，但如果把對陽光的嚮往改成增強邏輯思考的話，那我們就要往下紮根，把根深入到黑暗地底的「荒謬」。

這兩句話的相遇產生了本書，本書的內容是關於邏輯思考，呈現理性思考的規律，展示方式卻幾乎是倒過來想，讓我們看見許多反邏輯的「荒謬」。這些誇張的荒謬往往讓人會心一笑，但就在這一笑之間，它讓我們意識到現實世界有多麼的正常，我們自己身上又有多少理所當然的珍貴寶藏。

「邏輯」在臺灣是許多大學的熱門課程，許多老師有精彩的課程與完美的著作，本書無意在這類著作中自討沒趣。本書是想讓年紀更低，或沒有修課動力的讀者，也有機會認識「邏輯」。邏輯課旨在培養理性思考的好習慣，對於任何人，不管年紀、主修甚至工作為何，都能多少從中受益。

我一直懷著不確定能否寫完的態度來寫，中間擱延了兩三年。其中在《幼獅少年》的連載鼓勵我擠出最後的動力把它完成，感謝《幼獅少年》與三民書局。

我懇請讀者盡量以一種「旅行」的心情來閱讀本書，不用太功利，而是閒散地，看一看，想一想，笑一笑。旅行不只是為了期待的遠方，也是為了造就一個更好的自己而出發。

什麼是「邏輯」？

本書主題是「邏輯」，作為學科，邏輯研究的是理性思考的基本原理。邏輯是哲學的科目，哲學是個研究基本原理的學問，對一切的基本原理，從世界的結構到思考的祕密都有興趣。邏輯是哲學的一支，對理性思考的原理特別有興趣。

理性思考一向是人獲得知識、建立文明的主要工具，會對這能力感到好奇，想發掘它豐富的價值，也理所當然。邏輯在研究過程中發現了一些有益的、可靠的思考習慣，同時也辨識出一些有害的、易錯的思考習慣。學習邏輯既能讓我們認識自己，也幫我們自我訓練，而且這種訓練是透過認識自己來完成的。

所以以下故事只是一些好的思考習慣的蒐集，以及壞的思考習慣的警示，大多時候這兩者其實是同一回事。了解自己怎麼思考這件事既簡單又困難，雖然每個人都可以自由思考，但難點是我們對思考的結果太熟悉，不知如何從零開始。歷史上的邏輯學家此時幫了我們一把，他們累積了不少對思考基本原理的觀察。

邏輯這個科目內容不少，特別在十九世紀末加入符號系統後讓邏輯變得更完備，但也更難懂。本書是傳統邏輯與現代邏輯的結合，以免純符號的世界讓大家望而生畏。除了邏輯，本書中也聊到不少主動思考的方法，思考的靜摩擦力很大，剛開始不知道怎麼動，但只要開始動，就會源源不絕地跑出點子，難關往往就是起頭。

人類思考有時只要一點點方向的改變，就能看見同以往完全不同的世界。本書所羅列的思考習慣未必完備，卻是很好的嘗試思考的基礎。任何的補充或活用都不與本書的願景相違背。

本書的結構與閱讀指引

本書共有二十五個故事，每個故事都含有邏輯概念，會用**邏輯祕典**1A的標誌讓你找到提示。提示會提供補充的解釋。原則上每個故事都可以獨立閱讀，但故事與故事間還有一種主題上的關聯。我又把它分成六段。

第一段是從第一課到第六課，主題是語詞到語句的分析，就是對語言使用的基本認識。第二段是從第七課到第九課，三課主角都是語句的真假。從第十到第十三課主題是人的推理能力，並簡單介紹了歸納推理，這是第三段。

第四段從第十四到第十七課是邏輯思考常用的小工具，包括分析、綜合、組合以及定義。第五段從十八課開始是富科學精神的思考習慣，共三課。最後一段從二十一課開始到結束，主題是更全面性地思考。

每個主題都可以說是認識某些思考的好習慣與壞習慣。其實邏輯思考我們自己身上都有，並不全然陌生，只是真正好的習慣往往是在人犯錯吃虧之後才會覺醒，先認識可以減少錯誤帶來的損失。邏輯不是在教你怎麼思考，似乎你從來不曾思考過一樣，邏輯是讓你對自己的思考跟話語有更清楚的意識，這能使思考與說話的品質更好、更理性、更有效率。

最後這本書要感謝兩位啟蒙我的老師，已故的林正弘教授，以及臺大哲學系的楊金穆教授，您們在邏輯領域無私的教導，引導我走進思想的聖殿一窺堂奧，這本書是為您們而寫的。

目次

一、出發前的小語

「其實人跟樹是一樣的，越是嚮往高處的陽光，它的根就越要伸向黑暗的地底。」——尼采

康傑長得像一棵樹。他有頭亞麻綠色的頭髮，個子瘦高。臉也有些枯瘦，帶著鬍渣，但如果細看他長長的眉毛與眼睛、直挺的鼻子、總是帶點微微笑的表情，你會發現一個柔和優雅的美男子。或許是太像樹了，他有種被忽略的氣質，只要在還有其他人的場合中，你就不會注意到他。

康傑的優點是善於思考，他喜歡解決問題，愛自己動手製造，例如武器、機關或草藥之類。他喜歡安靜，不愛爭吵。康傑是勇者，勇者是天生具有特殊戰鬥能力的人，只要集中精神周圍的運動就會慢下來，這使得勇者的反射與動作都快如閃電，但無法持續太久。

如果要認識一個人必須認識他的弱點，康傑的左耳完全聽不見，右耳在成年後勉強恢復了聽力，但他依然習慣靠讀唇語對話。他小時因聽障而說話困難，先學會寫字才學會說話，直到成年結巴的習慣才消失。他喜歡簡單，不近人情，

害怕麻煩，又不夠正直、誠實跟勇敢。他像隱士，不似宏偉故事的主角。

上午時分，康傑正努力思考該怎麼打磨一根新撿到的樹枝，聲音打斷了他的思緒。

「康傑叔叔！我們來找你玩了。」

名叫大毛的男孩喊著，大毛是個九歲的男孩，小平頭、個子不高、性格開朗。他身後是十歲的少女，細瘦身材、水靈大眼、聰明活潑，名叫小維。康傑很受小朋友歡迎，因為只有他會認真聽他們的傻話。

大毛告訴康傑：「村子裡來了一隻橘子色的母貓，我們在養牠。」

「你們真有福氣，橘子貓聽說非常開朗。」

「貓是很可愛，可是我更想養黃金獵犬。」小維有點沮喪地說。

大毛雙手一攤：「沒辦法啊！來的就是這一隻。」

小維突發奇想：「康傑說名字是用來指世界上的物，而且是『約定俗成』的。只要大家同意就好。所以我想把這隻貓取名叫『黃金獵犬』！」

邏輯祕典1A

「不行啦！妳怎麼能把一隻橘子貓叫『黃金獵犬』？牠又『不是』黃金獵犬！」大毛驚慌地說，他從沒聽過這樣取名。

「我是取名字而已，有什麼不行？」小維嘟起嘴來。

「這完全相反，當然不行！」大毛激動地說。

「完全相反？那你叫『大毛』，可是身高那麼矮又是個小孩，況且，你的頭髮還沒有阿平多。」阿平是另一位頭髮茂密的小孩。

「妳怎麼可以這樣說？」大毛有點哽咽，他很在乎身高。

「不然康傑來說好了，你是村子裡最聰明的人。『約定俗成』也是你教我們的。」小維不理大毛是不是要哭了，轉頭問康傑。

康傑想了一想：「我也不建議這樣取，不過得花點時間解釋原因。常見的名詞有兩種：一種是無條件指著某個東西，叫『指涉詞』。另一種是代表一個以上東西的，叫『分類詞』。」

「我聽不太懂。」大毛還有點哭腔地說。

「舉個例子，代表許多東西的名詞通常是『分類詞』。『橘子貓』或『黃金獵犬』這些名詞都代表『某一些』而不是『某一隻』動物。可是像人的名字：『康傑』、『大毛』、『小維』或地名代表的是那一個人或那一個城，通常是『指涉詞』。」 **邏輯祕典1B**

「好像有一點點懂。」

「『橘子貓』或『黃金獵犬』主要是當『分類詞』用，這些動物有固定的樣子。當小維說要養『黃金獵犬』時，指的總不會是一隻名叫『黃金獵犬』的蜘蛛吧？」

「好可怕！我才不要養蜘蛛……也不想聽到這個詞！」小維摀住耳朵。

「小維怕蜘蛛是膽小鬼！」逮到機會的大毛進行了復仇。

「蜘蛛不是可怕是噁心好不好？」

「分類詞的重點是描繪出東西的樣子，名字則沒有這種功用。不過有時我們會故意改變一個詞的標準用法，以一種特別的方式使用。標準用法的『黃金獵犬』代表某一種狗，在刻意的使用中『黃金獵犬』也可以當某隻貓的名字，一個詞可以有兩種用法。」康傑隨手拿起了架上的小陶像，分別是一隻狗跟一隻貓。

「一個詞可以有兩種用法嗎？」大毛邊問著邊拿起雕像把玩。

「語詞的使用其實非常靈活，一個詞在不同情況中指不同東西很常見，例如『你』這個詞有時指『大毛』，有時也指『康傑』或『小維』對嗎？」康傑用手指了大毛、自己，最後指了小維。

小維點點頭。

大毛提出疑問：「對的，可是這好像是同一類的用法？一個詞可以一下子這樣用，一下子那樣用嗎？」

康傑：「如果我說『椅子是用來坐的』，『椅子』指的是『所有的椅子』，對嗎？」

「當然對囉！」大毛馬上回答。

「如果我走過來問你『椅子有人坐嗎？』這個『椅子』指『所有的椅子』嗎？」

大毛想了想說：「不是，你是在問我面前這張椅子吧！」

「你說得對，『椅子』既是一個類，也能用來指某張椅子。」邏輯祕典1C

「我懂了，所以即使把小貓叫做『黃金獵犬』，黃金獵犬也不會自動『變成』黃金獵犬，對嗎？」小維一把搶走大毛在玩的貓咪，大毛瞪了她一眼。

康傑點點頭。

「你們到底在講什麼啊？」大毛疑問道。

康傑輕拍雙手：「小維沒錯，第一個『黃金獵犬』用來指這隻小貓，第二個『黃金獵犬』說的是一個類，她故意在同一個句子混用兩種用法。一個窮人可以把他的孩子取名為『有錢人』，但這孩子並不會立刻變成『有錢人』。」

大毛想了一想，然後說：「好像懂了。」

「所以我可以把那隻貓叫『黃金獵犬』嗎？」小維興奮地問。

「當然，可是一般人不了解詞的特性，會感覺困惑或不妥也很自然。妳想一個個解釋嗎？」康傑反問小維。

小維搖搖頭說：「並不想。」

「那妳知道該怎麼做了。我得工作了，等你們抱到貓的時候，再過來給我看吧。」

「康傑，有件事我要跟你說！」小維突然想到一件事，她改了個神祕的語調：「我聽大人說，有人要告你！」

「康傑你犯了法？」大毛驚呼。

「康傑才不會做那樣的事，你是不是得罪了誰？還是有人不服你一直當冠軍？」小維信誓旦旦地說。康傑是附近三個鎮的摔角冠軍，這在勇者中很少見，勇者通常只喜歡武器。

「我也跟你們一樣驚訝。不過，我一點也不害怕。」康傑下意識地拉了拉長年戴著的左手手套，勇者手心有個數字樣的記號，這件事他一直沒說。

在對面山頭的村落，有四個旅行者，最高那位戴著一張笑臉面具，腰掛兩把劍，其他三人也是身著武裝，感覺是他的手下。

一個手下問了村人：「你們的村子裡有沒有一個個子很高、平常不愛說話，但說起話來條條有理的人？」

村人害怕地說：「對不起，我們村子沒有這樣的人。」

笑臉男：「他會做奇怪的香水還有草藥。」他開始數自己手上的銀幣，村人馬上就知道了意思。

村人見錢眼開，馬上說：「啊！那一定是康傑。他住在山腰那邊的村子。」

「很好。」笑臉男把銀幣扔在地上，村人急忙去撿，手下們趁他低身時用力踢他，村人痛得趴倒在地上。

「沒用又貪財。」另一個手下邊罵邊彎腰撿起銀幣。

四人走進山裡，再也沒回來過。

邏輯祕典1A—語言中最常見的莫過於名詞了，名詞能用來「代表」世界中的事物。這種代表基本上是「約定俗成」的，例如，不同民族都會用某些音或符號來代表「太陽」，嚴格說來這些都沒什麼非如此不可的道理，只能說是團體的默契，這就是「約定俗成」的意思。

邏輯祕典1B—名詞又分為「指涉詞」與「分類詞」兩大類，指涉詞是直接指著「那一個」對象，而分類詞則是代表有某些特性的「一些」東西。每個人的名字：「趙雲」、「約翰．希南」，或地名：臺北市、地球，是常見的指涉詞，指著特定之物。而普通名詞，例如：學生、老師、教室、課本這些是分類詞，它們代表著那一類東西。

邏輯祕典1C—其實不管指涉詞還是分類詞，都可以挪作不同的使用，詞到底是用來指涉還是分類還要看怎麼用。舉例，「鯨魚」是一個分類詞，老師說：「鯨魚是用肺呼吸的。」他指「所有的鯨魚」。但今天如果有條船持續看見一隻鯨魚，水手對同伴說：「鯨魚在跟蹤我們。」水手指的顯然就是「那一隻」鯨魚。「福爾摩斯」是一個指涉詞，指那位虛構的名偵探，但當我們說：「他以為他是福爾摩斯。」這裡的「福爾摩斯」指的是聰明或善推理的人。

勇者挑戰

1. **康傑說常見的名詞又可以分為兩種，是？**

A. 指涉與分類　B. 大類與小類　C. 茶壺與分類　D. 紫色與芬淚

2. **以下哪個詞是「分類詞」？**

A. 美國　B. 火箭　C. 嘉義市　D. 強尼戴普

3. **以下哪個詞是「指涉詞」？**

A. 娃娃　B. 俄羅斯娃娃

C. 俄羅斯娃娃收藏家　D. 俄羅斯

4. 爸爸把自己的西裝叫做「太空衣」，如果他說：「太空衣其實不是太空衣啦！」請問畫底線處的太空衣分別是什麼？

A. 第一個「太空衣」是指涉，第二個「太空衣」是分類

B. 第一個「太空衣」是分類，第二個「太空衣」是指涉

C. 兩個「太空衣」都是分類

D. 兩個「太空衣」都是指涉

二、康傑的啟程

康傑的房子在村子最東邊，養著許多草本植物，他常在院子裡敲敲打打，獨居的他賣著許多新奇的雜貨，他稱自己為設計東西的「工程師」，不過村子裡沒有人知道那是什麼意思。因為他也賣藥，大家反而覺得他是醫生。

這天一早康傑就有訪客，黃色短髮配山羊鬍的約翰在窗外朝他不斷揮手。

「約翰嗎？有什麼事？」康傑開門問約翰。

「快讓我進去！」

康傑讓約翰進來說：「你又惹了什麼麻煩事？」

「是你的麻煩事！」約翰緊張地說：「你幫鄰居設計的那些奇怪的省力裝置，還有回答問題之類的全傳出去了。他們要起訴你，說你太聰明違反了平等的法律。」

「你說什麼？」康傑不敢相信自己的右耳。他還以為隱瞞自己是勇者的事被發現了，沒想到與此無關。

「聽不懂嗎？太聰明違反了平等的法律。」約翰認真地說。

「太聰明而違反了平等的法律？」康傑複述完忍不住笑了出來。

約翰換上嚴肅的表情：「別笑，這很麻煩的！違反這條法律將被驅離村子，年老才能回來。我站在你這邊，不希望你離開。」

康傑曾懷抱遍遊四海的夢，只因安定而疏懶，這也許是個機會。

「等一下會有衛兵帶你到法官那裡，你就裝笨，全說不知道好嗎？這是我們想了好久才得到的方法。」

「約翰，謝謝你。」康傑拍了拍他的肩膀，安慰他：「我知道該怎麼做。」

數小時後，康傑被帶上法庭。法官與衛兵一臉嚴肅，康傑則一派輕鬆。

「你聽得清楚我說話嗎？」法官問。

「很清楚，庭上。」

「康傑，有人控告你太聰明，違反了平等的法律。」其實法官不想審理這件案子，康傑的藥曾救過他一命，不過依法還是得執行。

康傑毫無懼色地反問：「『平等』的法律？我以為『平等』的意思是待人或

分配資源的公平，而不是要求所有人的能力一模一樣。」

法官耐心地向康傑解釋：「可是當你的能力太出眾，讓其他人感到心理不舒服。這是他人的損失，而且是由你的存在造成的，你必須負責。」

「照您這樣說，某場比賽的第二名若因冠軍的存在感到不舒服，冠軍是否也要為這些損失負責呢？」

康傑這樣一說，法官跟衛兵都愣住了。法官嘆了一口氣：「不管你多有道理，依法還是得審查你。以下我會問幾個問題，題目只會說一次，你必須思考後回答。答不出來也可以放棄。了解嗎？」法官「放棄」兩個字念得特別大聲，像溫柔的提醒。

「很榮幸能配合您。」康傑不再抗辯。

法官開始念題目：「第一題，有位農夫有十七隻羊，除了九隻以外都病死了，農夫還剩幾隻羊？」

觀看的群眾也開始計算，有人說只剩八隻，也有人說超過十就不會算了。

衛兵也在心裡計算，他學過算數，很確定十七減去九等於八，所以一定是八。

康傑：「這題想讓我不小心回答八隻。但正確答案是九隻，因為你說除九隻以外都病死了。」 邏輯祕典2A

康傑說完，全場的人也瞬間懂了，原來這是話語的陷阱，可惜他沒上當。觀眾席傳出一陣扼腕的聲音，許多人上了當。

（太急著去算了。）衛兵心想。

法官念出下一題：「第二題，一年中有二十八天的月份有幾個？」

一旁觀看的群眾也議論紛紛，有人伸手比一，也有人搖搖頭。

「我就直說答案了。」康傑又是快得驚人，他不慌不忙地說：「這得看『有』的意思。如果『有』是『剛剛好二十八天』的話，那只有平年的二月。但『有』也可以是『包含』的意思，在這種解讀下所有月份都包含了二十八天，所以是十二個月。」 邏輯祕典2B

觀眾席又是一片驚呼聲，顯然大家想的都沒有這麼周詳。

「很周詳。」法官點了點頭，他敬佩康傑的才智，但礙於身分，仍然要維持肅穆感。

「第三題，哥哥跟弟弟出一樣的錢買了一袋點心，吃完後哥哥對弟弟說，麵包每個一銅幣，你比我多吃兩個，所以要多給我兩個銅幣。哥哥這樣說對不對？」

旁邊開始有人說這點心太貴之類的，衛兵伸手一算，猛點著頭。

「當然不對。」康傑微笑。

「為什麼不對？」

「弟弟只需要給哥哥一個銅幣。當他給哥哥一個銅幣，哥哥多收一個銅幣，弟弟多花一個銅幣，兩人差了兩個麵包的兩個銅幣。如果他給哥哥兩個銅幣，兩人花的錢就會差到四個銅幣。」康傑用戴著手套的手指比著差額，讓所有人理解。✎**邏輯祕典**2C

這答案又讓觀眾們驚訝，原來這麼簡單。有些人說康傑一定有罪，也有人說村子裡有這樣的聰明人沒什麼不好。

「接下來是最後一題了。法庭問答都有人見證。我希望你好好思考一下處境，不只是逞口舌之快。」法官刻意提醒康傑，再這樣下去一切就無法回頭了。

康傑也知道法官並不想判他離開，便說：「謝謝您的關心。」

法官嘆了口氣：「某國的衛兵長值勤時，有個小男孩上前對他說：『我爸爸跟你爸爸吵得快打起來了。』一旁衛兵問這小孩是誰，衛兵長回：『這是我兒子。』如果故事中的小孩跟衛兵長說的都沒有錯，吵架的兩人到底是什麼關係？」

康傑這次沒有立刻搶答，而是雙手交叉抱胸，認真思考的樣子。法庭中瀰漫著安靜緊張的氣息，衛兵邊想邊搖頭，觀眾席的人也邊搖頭邊小聲討論著。

片刻之後，康傑微笑著說：「這題設計得也很不錯，很容易上當。」

「所以你知道答案了。」法官語氣帶著驚訝。

「當然，只有一種可能。」

「根本不可能吧！」衛兵忍不住道：「這兩個人說的是衝突的！」

康傑回應衛兵的疑問：「看似衝突。你或許認為，當衛兵長說這是他兒子時就等於他承認自己是小孩的爸爸，這樣他就是吵架中的一位，導致衝突，對不對？」

在場許多人猛點著頭。

「但衛兵長可以是孩子的母親，衛兵長不見得非是男性不可。所以吵架兩人是岳父跟女婿，我想，應該沒答錯吧？」邏輯祕典2D

衛兵與法官對此簡單卻又完美的答案都說不出話來。

法官點了點頭後道：「這是我第一次遇到四題全對的人，而且只花了這麼少的時間。康傑，我必須宣判你是有罪的。因為你太聰明違反了平等的法律，你將不再被允許在本城邦居住，請你在三週內離開。」

「謝謝您，我會遵守判決離開。」

勇者康傑離開了法院，準備離開。雖然對朋友們有些不捨，但這似乎是他的命運。

一週後的大半夜，餞行會前一晚，康傑駕著馬車載著所有家當，來到了村莊旁的森林前。

他對森林說：「謝謝各位了。」

在康傑身處的世界裡，木本植物的樹幹是人所知最硬的物質，特性像現代的金屬，堅實又有韌性。而金屬反而像現在的木材，既脆又輕，用途有限，但加工方便。樹的枝幹品質卓越，但因為太硬幾乎無法加工，所以這個時代最頂級的武器或工具，幾乎都是從樹林裡「撿」來的。

「我原本想把各位的種子帶去遠方，不過我還是找不到各位的種子。」康傑一直喜歡樹，他覺得自己跟樹有種特別的緣分，多年來他收集了許多花草的種子，卻連一顆樹木的種子也沒見過。樹木到底是如何產生的一直是他心中的謎。

「我會走遍世界各地，有你們的保護，我很安心。」

當晚不擅道別的康傑偷偷離開了居住多年的小村子，投身於一場奇妙的冒險。而我們的邏輯思考之旅，也隨之展開。

邏輯祕典2A一 本課主題是「弄清楚主題」，就是把面對的問題或別人說的話一字一句想好，了解每個部分。邏輯思考建立在清楚正確的理解之上，不要太快被整句話中的部分，例如數字部分牽著走，注意整句話的意思，對自己再念一次整句話，會更容易看破這類陷阱。

邏輯祕典2B一 一個詞可以有兩個不同的意思，一句話也可能有兩種不同的意思。例如：「他已經走了半小時了」可以解讀為「他已經走過去半小時了」，也可以解讀為「他已經離開半小時了」。有時候句讀節奏也會造成意思差異，例如：「這個人誰都認識」可以解讀為「每個人都認識他」或「他認識每個人」。對自己再說一次整句話，會更容易發現這類陷阱。

邏輯祕典2C一 這一題因為沒有說買了多少點心，格外難想。如果能自己先舉個實例，例如他們共買了十個，試著提出答案，就可以開始思考。假定買了十個，兩人原本各出五銅幣，弟弟應付是六銅幣，哥哥應付四銅幣。但如果弟弟給哥哥兩銅幣的話，弟弟就會付七銅幣，而哥哥付三銅幣。給出答案再檢驗也能幫你突破盲點。

邏輯祕典2D一 某些詞很可能引起刻板印象，讓人因先入為主而無法思考。再舉個例子：「有三個德國人共有一個兄弟，當這位共同兄弟死了之後，這三個德國人便說我們再也沒有兄弟了，這可能嗎？」答案是可能的，只要這三個德國人都是女性就可以了。這也是利用我們對「德國人」的刻板印象產生的誤導。因刻板印象產生的偏見很難完全沒有。多念幾次題目，多質疑自己，思考每個環節，會有些幫助。

勇者挑戰

1. **康傑說他以為「平等」的意思是？**

A. 要求所有人的能力一樣
B. 要求所有人的能力不一樣
C. 對待人或分配資源公平
D. 對待人或分配資源不公平

2. **本課的主題是？**

A. 弄清楚主題
B. 弄清楚推理
C. 推理思考
D. 放棄思考

3. **「一個人一輩子有幾個生日？」這個問題，以下哪個答案比較周詳？**

A. 一個
B. 很多個

C. 這句話的「有」有兩種可能的意思，一個指過生日，這樣是很多次。一個指誕生日，這就是一個

D. 無限多個

4. **一個醫生說：「我的孩子生病了，可是我不是他的父親。」你認為最合理的解釋是？**

A. 醫生是孩子的養父

B. 醫生是孩子的母親

C. 醫生是孩子的祖父

D. 醫生是孩子的朋友

三、不同旅店

康傑剛出發不久就遇到了沙塵暴，他只好趕快躲進一間名叫「不同」的旅店。接下來兩天絕對不適合趕路，最好在此等待一到兩天。

「不同」旅店只有一名老闆、廚師兼招待，空蕩蕩的店裡沒有其他客人。老闆對康傑說：「這位『客先生』您好！」老闆年紀約四十多歲，有個大鼻子與修剪得很整齊的頭髮，親切的啤酒肚。宏亮的聲音充滿熱情與自信。

「你好。」康傑心想這稱呼也真特別。

「歡迎到『不同』，這裡是往東五十里內最好的旅店。」

康傑想了想，回道：「喔？可是我剛從東邊過來，往東五十里內根本一家店也沒有。」

老闆笑嘻嘻地說：「所以我沒說錯！」

「不過你也沒打算說全部的實話。我餓了，麻煩給我菜單。」康傑逕自入座。

老闆微笑說：「客先生，『不同』沒有菜單。」

「沒有菜單？為什麼沒有菜單？」康傑很驚奇。

「因為這裡每道菜都是獨特的。每位客人也都是獨特的，我不是稱呼您為『客先生』嗎？那是我第一次用這個詞。每個客人都會用新稱呼！」老闆很開心，但康傑覺得很怪。

「可是我肚子餓了。有什麼馬上可以吃的？」康傑有點敷衍，他真的餓了。

「如果要快，我們有一種食物，是用小麥磨粉之後，加進水、鹽跟酵母做成麵糰發酵後，再加入無花果烘烤而成。您願意試試嗎？」老闆詳盡解釋，但愈解釋康傑愈覺得熟悉。

「你剛說的不就是『無花果麵包』嗎？」

「這是這邊獨一無二的食物，您一試便知。還需要熱湯嗎？」老闆堅持他的獨特性。

康傑想先看看到底哪裡獨特，於是點點頭。

老闆送上一籃看來超級普通的熱麵包以及番茄蔬菜湯。

「就是麵包跟熱湯啊！」康傑自顧自道。

但才剛入口，康傑就發現這無花果麵包有著難以言述的美味，不僅表層酥脆可口，質地鬆軟細緻，咬下麵包之後，麵包體的空洞使得無花果香芬芳撲鼻，有鹽巴的鹹味，有無花果的香甜。康傑甚至覺得，真的可以為它取個特別的名字，僅稱無花果麵包有點對不起它了。

他又嘗了一口湯，這道番茄蔬菜湯是用番茄、蘿蔔、洋蔥加蘑菇炒完之後燉煮而成的，火候控制極佳，可以品嘗到蔬菜炒過的清甜味，月桂葉加上黑胡椒香氣十足，整道湯品一入口後唇齒留香。康傑心想在大城裡都不一定喝得到這麼好喝的湯。

他連吃了三份，肚子都鼓了起來。

「太好吃了！沒想到在『不同』有如此技術高超的廚師！」康傑驚嘆道。

「過獎了，我喜歡欣賞事物的『不同』。就拿您剛吃的食物來說，我還沒想到要叫它什麼名字，它對我來說是獨一無二的。我想請問客先生，您曾吃過味道與這一模一樣的食物嗎？」

「一模一樣確實沒有。但這一『類』食物倒吃得不少，它應該就是『麵包』。」

邏輯祕典 3A

「我不懂您的標準，既然一模一樣確實沒有，為什麼還會叫它『麵包』呢？」

「它是以麵包的製作方法製作的啊！」

「製作方法即便相似，但過程多少不同……。」老闆接著解釋了一下做法，他有變化製程，但基本上仍是無花果麵包。

「或許我說的不好，請讓我修正。即便製作跟味道與一般麵包不同，但與一般麵包還是有不少相同之處。不是『完全一樣』或『完全不一樣』，而是有一樣的部分，但也有不一樣的部分。」康傑聽完老闆的說明後，將自己的說法重新整理了一遍。

「一樣、不一樣居然還有『部分』？這怎麼可能呢？」老闆無法想像康傑的話。

「因為我們比較事物的時候，並不會只以『整個事物』相比。我們會分辨出事物的『各種特性』：比方說形狀、氣味或製作方式，一項項比較。我的手跟你的手，都有五根手指，手指上都覆蓋指甲，但若細量拇指的長度，卻又不一樣。」邏輯祕典3B

「既然這樣這不就是不一樣的手了嗎？頂多只能說是『相似』。」

「『相似』正說明了我們比較的不只有一項，『相似』就是大部分特性相同但小部分不同。若將我們兩隻手與鳥的爪子相比，最不相似的是哪一隻呢？」

「鳥的爪子！」老闆最能發現不一樣之處了。

「是的。兩人的手雖然不一樣，但一樣的部分比起鳥爪來要多，所以我們倆的手更相似。『特性相同』就會被歸為『同一類』，而不是『同一個』。任兩事物都有些相同的特性，也有些不同的地方。」

康傑的解釋讓老闆陷入了深思。

老闆有些想通了：「所以事物其實有一樣的地方，也有不一樣的地方！並不是完全一樣或完全不一樣。」

邏輯祕典3C

「是的。」

「如果任兩事物都有一樣跟不一樣的地方，當認識事物時，是先認識一樣的地方，還是先認識不一樣的地方？」但老闆又想到了新的問題。

「這兩者不需分先後。當看見兩塊同樣顏色但形狀不同的色塊，你同時看見相同的顏色與不同的形狀。看見長在地上的植物，你同時看見了接觸地面部分，也看見了地上部分。兩者並沒有一定要誰先誰後。」

「可是注意事物的不同點是有趣的，注意相同點，感覺起來不是很無趣嗎？」老闆對於「不同」之處很是著迷。

「不見得。當你在做麵包時，不斷改進製作工序追求相同的美味，不是嗎？」

老闆想到自己過去的辛苦，點頭說：「是的。」

「從累積的經驗中發現相同的工序來追求美味，哪裡無趣？相同處有時並不好找，需要很多努力。而且這些不只可以用在東西上面，也可以用在自己身上，你一開始說『不同的事物』都讓你覺得有趣，『不同的事物』不就是同一類嗎？」康傑反問道。

老闆思考了一下，然後說：「好吧！您說服我了。我承認事物總是有相同跟不同的地方，而這也不乏趣味。所以……」

「所以什麼？」

「所以我打算把這家店的名字改為『相同也不同』的旅店！」老闆開心地說。

這兩天康傑享受了上好的食物，依依不捨地離開了旅店。他發誓，如果有機會他要再回到旅店來大吃三天。

康傑離開的隔天，戴笑臉面具的男子找上老闆，身後跟著三個手下。

「老闆，是不是有個綠頭髮的高個子，駕著馬車來這兒投宿？」其中一人發話。

「不好意思，這兒是旅店，如果要住宿，我可以給各位優惠。其他旅客的去向不太方便透露。」老闆覺得對方來者不善，有意隱藏。

笑臉男一句話也不說，他以閃電般速度給了老闆的肚子重重的一腳，老闆跪倒在地。他抓起老闆的右手，把五根手指按在自己出鞘的刀刃上，冰冷的金屬劃破皮膚，流出鮮紅色的血。

老闆清楚地看見，笑臉男手掌中有一個「7」的記號，急忙道：「勇者大人，饒命啊！」

另一個歹徒在旁邊說：「不說就沒手指囉。」

老闆清楚自己反抗不了這些人，只好指出康傑的去向。

惡人們趕路去了，老闆在心裡祈禱：「康傑先生，願你平安。」

邏輯祕典3A一　尋找一群事物或經驗的共同點，也就是「歸類」。「歸類」可以說是理性思考第一個重要功能，古代人發現哪些植物可以吃、哪些植物有毒、哪些動物危險，全是歸類。發現共同性是思考的起點，「類」是對人知覺資訊的精煉，而且這些精煉都還可以再度精煉。

邏輯祕典3B一　我們比較事物的時候，並不總是整個與整個比較，事物有許多不同「特性」，特性可以相同或不相同。眼前這杯子是圓筒狀的物體，上有開口，材質是陶土，目的是裝飲料，這些都是杯子的特性。另一個玻璃杯與它形狀相同，但材料不同。一個撲滿與它材料相同，形狀不同。東西間的異同彼此交織，「每個人都不一樣」雖然不假，但每個人「一樣」的地方其實也很多。

列出一物的各種特性能讓人發現事物相同與不同處。要找出事物的相同點，必須盡可能了解事物的各種特性。

邏輯祕典3C一　事物之間有一樣也有不一樣的地方。「歸類」是忽略不同的地方，只注意相同的部分，而不是說兩個東西完全一樣。當兩個東西相似，指的是它們有許多特性一樣，或關鍵的特性一樣。

勇者挑戰

1. **康傑提到，當我們比較事物的時候？**

A. 總是一整個一整個比較

B. 總是一整片一整片比較

C. 會無法進行比較

D. 會分成許多不同的部分來比較

2. **康傑認為萬物之間的一樣或不一樣是？**

A. 都是一樣的

B. 都是不一樣的

C. 有一樣也有不一樣

D. 都是同一個東西的一部分

3. **對認識到東西的一樣或不一樣哪個先，哪個後，康傑如何回答？**

A. 都是一起，沒什麼先後

B. 一樣的部分先

C. 不一樣的部分先　D. 都不可能認識

4. 以下何者與其他三者不同？

A. 網頁設計師　B. 十二吋夏威夷比薩

C. 電機工程師　D. 哲學家

四、大大商隊

康傑撞見了一場搶劫。森林中五個強盜圍著一支一人商隊，正準備殺人滅口。康傑隱身在樹後，拿出一把自製的弩，弩身是金屬製的，矢是木頭，木頭是當時世界最硬最重的物質。這使得弩矢的穿透力十足，普通皮甲根本無法抵擋。

康傑瞄準了最近的人開火，那人完全沒發現他。「咻——」的一聲，弩箭從正後方貫穿皮甲與強盜的背，他直挺挺地倒地死去。

「怎麼了你，昏倒？」搞不清狀況的強盜走了過去，當他發現倒地者胸口有箭頭，四處張望時，康傑已經上好第二發。強盜發現了康傑，手指著他大叫，同時弩矢離弦，他也中箭倒地。

「有敵人！」三名強盜抄出武器，往康傑方向移動，兩個人拿劍在前，另一個人架著短弓在後。

勇者康傑深呼吸，瞬息間一切緩慢。康傑繼續上箭，眼見帶頭強盜的劍就要砍到他，瞬間康傑卻上好了矢，以弩格開來劍並貼著強盜胸口射擊，對手倒地。他隨手拋掉重弩，拔出用樹枝作成的短劍接敵。

康傑與對手保持在一直線，讓弓手無法射擊。強盜連砍三劍都被快劍擋開，更慘的是劣質的金屬劍在最後的格擋中斷裂。康傑只出了一劍，直接自皮甲左側直入心臟，強盜如斷線風箏倒下，只是還沒完全落地，康傑便抓起他，像抓著一張大盾牌向弓手衝鋒，撞倒了弓手，弓手還沒起身就被康傑解決了。這場戰鬥很順利，高速戰鬥如果持續太久，康傑的鼻子與耳朵會流出鮮血，最後慘烈地死去。

「你沒事吧！」康傑喘著氣詢問商人。

「多謝相救。」商人趕緊向康傑道謝。

「一人商隊也太危險了。」

「說得沒錯，你願意當保鑣嗎？」商人抱持一絲希望。

「到下個城鎮前可以！不過我想先買點補給。」康傑答應，他也順路。

「為了感謝您的相救，所有商品都半價優待。」

「那你介紹一下吧！」

「我們商隊貨品優質齊全，價錢合理。從哪開始介紹呢？我這兒有些蔓越莓乾、還有個鋤頭、一綑堅固的麻繩、兩張羊毛毯子、幾盒鐵釘、乾糧、爬牆用的抓勾但不附繩索，還有一綑堅固的麻繩……」

「麻繩說過了。」商人原本還要繼續說下去，但被康傑打斷。

「喔？說過了嗎？還有醃火腿、醃黃瓜、羊毛毯子，還有……」商人又再重複了一次羊毛毯子。

康傑打斷他道：「不行，實在太混亂了，你自己都記不住。」

「可是我們的商品很多，超過一百項。」商人無辜地說。

「不是多少的問題，你介紹的方式太混亂。你根本不記得自己說過什麼。」

康傑可不想再聽到一綑堅固的麻繩了。

「那我該怎麼介紹？」

「你應該分出各大類，例如：食物、武器、工具與工藝品這些大類。從大

類再往下介紹。」邏輯祕典4A

「可是，分出大類豈不是讓項目變更多了嗎？真的有幫助嗎？」商人提出了問題。

「總數量變多沒錯，但這種分法能幫購買者過濾。有人可能對食物有興趣，也有人完全沒興趣，排除沒興趣的部分，專門介紹有興趣的能節省注意力跟時間。」邏輯祕典4B

「那先照你說的好了，商品可以分成食物、武器、工具以及工藝品，大型跟中型的商品，還有……」商人開始分類商品。

「等等，為什麼要說大型跟中型的商品？」康傑不理解商人的思路。

「我在分類啊！我想到你是旅行者，能載的東西有限，所以分大中小三類，這不是更方便嗎？」商人覺得自己非常貼心。

「依用途分跟依大小分是兩種不同的標準，同時用兩種標準會更混亂，一物很可能會重複兩次，例如劍既是中型的又是武器。不論依用途還是大小，一次只以一個標準分類才不會搞混。」

邏輯祕典4C

「那怎麼知道一開始要依哪種標準？」商人有點難過，他的貼心被康傑潑了冷水。

「可以直接問客人。一般人購物是為了使用，所以我才從用途開始，你就繼續吧！」

「好的。我們的商品可以分成食物、武器、工具以及工藝品，我又有問題了。你剛說同一物不該重複出現。你看『鋤頭』怎麼分？鋤頭既是種田的工具，但某人也許會用它當武器，這該怎麼分？」

「商品的用途通常是指它被設計出來的用途，實際上它會被用來做什麼，不是一開始能預料的。桌子的設計是為了承載物品，但你可以坐上去，也能拿來撞人。」

「確實。」商人點點頭。

「所以當一物被用來作原設計以外的用途，並不會改變該物『是什麼』。」

「我又想到一件事，有些少量物品太特別或太少，例如我只有一份止血膏藥，是不是一定得多增加一個項目叫『藥材』？」

「有個萬用類別叫『其他』，特殊商品歸到這兒就好。」

「原來如此，真是個好主意。」商人覺得康傑好聰明。「那請容我向您介紹。商隊的商品可以分成食物、武器、工具、工藝品以及其他，不知道您對哪一個部分有興趣。」

「先看看食物好了。」

「食物啊！我們有乾糧、蔓越莓乾還有……，其實食物也有二十幾種，我是不是應該再分類一次更好。」商人想了一下，向康傑提出看法。

「你已經開始想了，這的確可以再分一次。」康傑稱讚商人的思考。

「那又該依什麼分類？」

「這得考慮實際項目才行，盡量讓每個小類平均，不要分出一類有二十幾項，另一類只有兩項。」

「這樣我知道了！讓我來介紹！」商人躍躍欲試地想介紹。邏輯祕典4E

商人終於向康傑介紹完了商品，康傑也滿意自己買到的貨物。

邏輯祕典4A 一 我們都很熟悉去機關行號辦事時，不同事務由不同櫃臺負責。走進書局，不同類的書放在不同的櫃子。大賣場將商品分成許多類，如果所有商品都堆在一起，你一定會感到頭痛。但若分成幾個大類：例如食品、廚房用具、汽車用品等，你就會一區一區逛下去。分類分的是「類」，是把一大群東西分成一些小群，不是把東西拆分成「部分」。舉個例子，你不能把「地球」分類，地球不是類，是個體物，但地球可以分成南北半球兩部分。把一個東西拆成部分的組合叫「分析」，再過幾課就會聊到。

邏輯祕典4B 一 即使從事非思考性工作，分類也是好幫手。筆者曾詢問一位美髮師如何幫客人設計髮型，她回答從客人臉形開始，人的臉形主要有五類：圓形、蛋形、三角形、四方形與多邊形，從分類開始設計，再與客人討論。分類能幫你想出更有效率、更精密的策略。

邏輯祕典4C—事物不是只有一種分類標準，幫事物分類時，要依照分類的目的設定標準，而不用堅持只用某種標準，每次分類最好只用一個標準。

邏輯祕典4D—當說一物的「用途」通常是指這一物原本設計的用途，而不是「某一次」使用的用途。例如，我們可以把臉盆戴在頭上當護具，但臉盆的用途還是裝水。

邏輯祕典4E—對事物進行一層層連續分類可以得到「樹狀圖」。例如，「生物」是個大家族，繁多而且複雜，往下分為「細菌」、「古菌」還有「真核生物」三大類。再往下分才是「動物」與「植物」，了解「生物」不可避免地需要去了解這個樹狀圖，透過樹狀圖能建立井井有條的知識。

勇者挑戰

1. **對於「分析」與「分類」的解釋以下何者正確？**

A. 對一群雜亂的東西我們分析，對單一複雜的東西我們分類

B. 對一群雜亂的東西我們分類，對單一複雜的東西我們分析

C. 對事物盡量不要分析

D. 對事物盡量不要分類

2. **事物不見得只有一種分類標準，幫事物分類時，應該要盡量？**

A. 不要依靠任何標準

B. 要一次使用所有的標準

C. 一次只使用一種標準

D. 會分成許多的標準

3. 我們說一個東西的「用途」通常是指它的？

A. 原始設計的用途　B. 衍生出的用途

C. 某一次使用的用途　D. 謎一樣的用途

4. 對事物層層疊疊地連續分類可以得到？

A. 三視圖　B. 透視圖　C. 樹狀圖　D. 圓餅圖

五、山谷裡的孤兒

康傑行經山谷，撿到了一群孤兒。三男三女，年齡三到五歲。父母們應該被人口販子抓走了，小孩被扔下任其自生自滅。

「魚！魚！麵包！麵包！」男孩手裡抓著一隻很小的魚叫著，他臉上滿是害怕，身上滿是髒汙，嘴裡重複著單字。

康傑猜出他的意思，從馬車取出一袋乾糧拿給小孩。小孩們像很久沒進食了，狼吞虎嚥著，一下子就分光了。

「你們住在哪裡？」康傑試圖跟小孩溝通。

小孩搖搖頭，似乎聽不懂。

「在哪睡覺？」康傑用更簡單的句子。

小孩搖搖頭，還是聽不懂。

「睡覺？」康傑心想著如果再聽不懂，也只能放棄了。

小孩點著頭，說著：「山洞！」

「山洞？」康傑指著四周，小孩看懂他的意思，做了一個要他來的手勢。

康傑到了小孩住的山洞。洞裡陰暗潮濕，幸好周圍有一片茂密高草。康傑撿了些乾燥的茅草，對他們邊說「乾草！」邊指著旁邊，領頭小孩似乎懂了，帶其他的小孩在四周撿乾草。康傑趁空檔在山洞後邊找到了一泓乾淨的山泉，把水瓶罐子都裝滿了水，又順手摘了些野菜漿果，回到山洞。

康傑把乾茅草混合他攜帶的油，拿出火種點起了一個營火。一方面煮食，一方面把洞穴烤得乾一些，睡起來才不會不舒服。

當他從車上拿出醃肉在火上烤，香味四溢，小孩們在一旁猛吞口水。康傑把這些也給小孩分了，自己吃了點漿果、餵了餵馬、整理環境之後便在山洞裡跟小孩們一起睡去。

第二天清晨，他叫醒領頭的孩子，問他：「魚？」

「魚？」

「河？」

領頭的孩子帶他去了附近的河，康傑在河中堆起石塊，做了個捕魚陷阱。

魚很容易被河水沖進石圈，卻因為流水的方向而游不出去。一個早上便有不少魚自動進圈，康傑讓孩子吃了個飽。大家都露出了滿足的笑容。

他們連自己的名字都說不清，為了方便，康傑暫先取名叫阿一、阿二、阿三、阿四、阿五、阿六。單數是男生，雙數是女生。

（有很多可以教的，重點是他們只懂單字，卻不懂句子，不知道怎麼做判斷，所以得從構句下手。）康傑心想。

「這是乾草。」康傑對著小孩們念，提示他們覆述。

「這是乾草。」小孩們覆述。 邏輯祕典5A

「這是小刀。」

「這是小刀。」小孩們覆述道。

康傑開始了在山谷裡教學的日子，康傑第一次體驗教語言，令他感到新鮮。一個月過去了，或許是險惡環境催促孩子們早熟，孩子們不只弄懂了句子，還能跟他用口語溝通，即使概念複雜，加上些比手畫腳還是能懂一半。

另外，他們一大六小也從山洞搬到了新建的茅草屋，屋內用品也漸漸多了起來。

今天，康傑決定要教他們一些新的東西。

康傑對最大的孩子阿一道：「把弟妹們都叫來吧！」

「是的，康傑老師！」

阿一領著阿二，阿三，阿四，阿五，阿六魚貫而入。他們喜歡這樣的次序。

六個孩子用整齊的聲音說：「康傑老師好。」

「大家好，你們吃飽了嗎？」

六個孩子異口同聲道：「都吃飽了。」

「今天我們要來上點特別的，不是手工藝，也不是野外求生。」

六個孩子交頭接耳起來。最後是女孩阿二張著大眼睛，用輕細的聲音問康傑：「老師，那我們要學什麼？」

「你們要學如何讀書。」

「讀書？那是什麼？」阿四歪著頭，金黃色的頭髮順著歪頭的角度垂了下來。

「就是把句子寫下來，按次序收集在一起，讓你可以讀很多的句子。」康傑簡單地解釋。

「聽起來真厲害！」阿五握著拳，一臉興奮地說。

「這樣我們是不是要學怎麼把字寫下來？」阿六有點怯懦，害怕嘗試新的事物。

「天啊！字可以寫下來？」幾個小孩子驚呼道。

「是的，但是在進入認字以前，我們得對句子有更多的了解。書是由一個個句子組成的，我今天要教你們分句子的種類。」邏輯祕典 5B

「句子的種類？」阿三的聲音很纖細，水藍色的眼睛漂亮地閃動著。

康傑：「說起來很抽象，舉例就很好懂了。最常見的三種句子。第一類就是我一開始教你們的述句，某個東西是什麼，這是最簡單的句子了。舉個例子，『阿六是女生』，這是簡單的述句。」

阿六舉起手來發問：「不是所有的句子都是述句嗎？」

「當然不是，第二種句子就是我這句話的前半。否定句，它是說某個東西『不是』怎樣，例如，阿五不是男生。」 邏輯祕典5C

「老師說阿五不是男生！」孩子們開始指著阿五笑著，因為阿五是一個小男生，阿五低下頭有些不高興。

康傑安撫了一下阿五：「即便是假的，這也是個句子。句子有肯定也有否定，有真也有假，句子的真假取決於事實，所以有時別太在意別人說的假話。」

孩子們齊聲道：「好！」

「第三種句子是條件句，我說，如果天下雨了，就要趕快把曬的魚乾收起來。我有說現在天下雨嗎？」

阿四反應很快：「沒有，通常是天沒下雨才會這樣說。」

「很好，那我有要你們立刻把曬的魚乾收起來嗎？」康傑反問。

阿六聲音一樣細小，還帶著點不確定：「沒有，你是說如果天下雨了，才要這樣。如果天沒下雨就掛在那邊曬。」

康傑拍拍手：「你們說得都很好，條件句是說如果前面說的事情發生了，後面說的事也該發生。我們最常用的就是這三種，清楚句子的類型是變得更聰明的第一步。」

邏輯祕典5D

「了解了！」

「這兩天我要處理一件重要的事情，所以不會回來。你們要好好看家，白天盡量不要在外面走動。」康傑提醒孩子們一些注意事項，他還是有些不放心，但也沒辦法。

山谷附近的強盜窩裡，強盜頭目：「我們上次不是抓了一群大人，把他們當奴隸賣掉了嗎？後來我才發現，賣小孩更賺！」

「那不是虧了嗎？」

「還有機會，有人在養那些小孩子。」強盜奸笑著。

東奔西走的康傑終於找到適合收養孩子的人。只是等他安排好，要回山洞接小孩的時候，卻一個孩子也沒見到，只見地上有著雜亂的腳印，康傑明白是之前的強盜所為。

「也該是了斷的時候了。」

這天晚上風雨交加，強盜們正慶祝他們的惡行，把小孩賣掉可以讓他們喝酒宴會好幾個月。因為大雨，只有兩個強盜守衛。兩人都喝了些酒，醉酒加雨聲，連一個腳步聲都沒聽見，一個高高的黑影便帶走了兩人的性命。

康傑找到了關押在地洞的小孩，不過他決心處理掉整幫強盜。

「好累喔，我要去上廁所。」一個強盜吹著口哨往外走，他剛走出門，脖子上就瞬間長出了一支箭，再也沒回到屋子。

「他不是去上廁所嗎？」終於有人察覺到好像同伴去了太久的廁所。

比較高大的強盜笑著說：「掉茅坑裡了吧！我去撿他回來！」

高大的強盜醉醺醺地走了出去，他踢到倒在地上的同伴，當他看清楚是誰後，他頭上的箭已經讓他無法回去了。

現在房間裡只剩三名強盜，三盞燈，兩個同伴一去不回。

「他們兩個不會都醉倒在廁所了吧？」看起來吊兒郎當的強盜嘻笑著。

「咻——」的一聲，一盞燈熄滅，窗外一支箭飛入把燈射熄了。

「是誰把燈弄倒了。」一個強盜大喊，他有點怕黑。

又是破空聲，一盞燈熄滅。

強盜頭目大罵：「誰一直把燈捻熄？還是沒有燈油了？」

第三次破空聲，下一秒是全面的黑暗。

「你們在幹嘛？這都在幹什麼？」一個強盜笑著，接著是黑暗中的一聲慘叫。

「嚇誰啊？」怕黑的強盜很害怕，但還是強裝鎮定。

強盜頭目警覺：「誰？快把燈點起來。」

「啊！有刀！」怕黑的強盜衝向門口打開了門，他終於看到了光，只差一步就能離開屋子的他背上被插了一把刀，一個高高瘦瘦的黑影又把門關上。

頭目這才發現房子裡有人，他大叫：「你是誰？你到底要幹嘛？」

黑暗中沒有人回答他。頭目狂舞著手中的刀，不讓任何人近身。他在黑暗中視力慢慢恢復了，然後他看到的，是那些他賣掉的人的臉。

「有鬼啊！」他大叫，跌坐在地上，兩支箭先後穿過他的頭，結束了他罪惡的一生。

康傑救出了孩子們，帶著他們走在前往「那個地方」的路上。

「康傑老師你說那個地方，我們會有大房子住，對不對？」阿一拉著康傑的手問。

「對，還有床可以睡。」康傑微笑地回應。

「天啊！我真的是等不及了。」活潑的阿三總是有著陽光般的氣息。

「你們也該有個像樣的名字，總不能一直一二三四五六地叫你們。」康傑無奈地笑著。

「沒關係，我喜歡這個名字，這是康傑老師幫我們取的。」阿四開心地說。

「我也喜歡。」沉默寡言的阿二難得地說話了。

他們到了一棵大樹下。

「我去聯絡事情，你們在這邊等等。來的人如果報上康傑的名字，就聽他的話。」康傑彎下腰、撐著膝蓋跟孩子們講話，摸了摸每個孩子的頭，康傑坐上馬車。

「康傑你為什麼要坐馬車？」阿六很聰明，覺得哪裡怪怪的。

「不用擔心，我馬上就回來。」康傑若無其事地說。

過了一陣子，有位仁慈的院長帶著兩個修女來到大樹下。

身穿白長袍的院長：「就是你們吧！是康傑要我們來帶你們回去的。」

「走吧！康傑都幫你們安排好了。」其中一位修女說。

「康傑老師？可是康傑老師呢？」阿一緊張地問。

孩子們在附近大叫康傑，可是都沒有人回應。

阿一首先說：「康傑老師走了，這是一個述句。」

「康傑老師不會回來了。這是一個否定句。」阿五立刻哭了出來。

「如果我們還能見到康傑老師的話，我一定要罵他一頓。這是一個條件句。」阿四眼眶紅紅的。

六個孩子在大樹下大哭。

康傑在馬車上看著慢慢遠去的山林，想起與孩子們相處的點滴，有點鼻酸，但他知道這就是命運。

後來，這六個孩子在院長的照料下，都長成了很棒、很幸福的大人。

邏輯祕典5A——一切判斷的開頭是「句子」，單一名詞只是「提到」，卻沒有「判斷」任何事，但句子才有進行判斷的動作。例如：「這杯是卡布奇諾」，這是一個判斷，而不是單純講到「這杯」跟「卡布奇諾」兩個詞，它有個說「是」的動作。這才是一個完整的句子。一連串的名詞，字數可能比某個句子更多，卻不見得如句子般完整，例如：卡布奇諾、摩卡、維也納、愛爾蘭。這一連串的詞就是個還沒說完的句子。「我好痛」雖然只有三個字，但我們很清楚這個句子的意思，只是需要補上細節的資訊。

邏輯祕典5B 一書或資料其實是由一個個句子所組成的，句子有許多不同的「類型」，認清這些類型可以說是思考清楚的第一步。

邏輯祕典5C 一句中的「是」或「不是」決定了兩種不同的邏輯句型，前者陳述一件事實，後者則是否定某些陳述是事實。

邏輯祕典5D 一除了述句跟否定句，還有更複雜的「條件句」。條件句前面的條件不是一定會發生，而只是說如果發生了要如何如何。理解句子如果只看名詞，不看句型，可能連對方說什麼都弄不清楚。舉個例子。如果你聽見我說「凱薩」，又聽見我說「壞人」，你可能認為我講凱薩是壞人，但實際可能完全相反，我要說：「凱薩絕不是壞人」。或我說「如果凱薩是壞人，龐培也是壞人」，我並沒有肯定凱薩是壞人，很多時候我之所以這樣說，正是因為想說服一個相信龐培是好人的人相信凱薩也是好人。如果沒有意識到句子本身的結構，思考是不可能清楚的。人類的知識或理論不管再怎麼複雜，其實都是由一個個句子所構成的。弄清楚句子的類型，了解其中字詞的意思，你終究能慢慢掌握知識。

勇者挑戰

1. 以下何者是「完整的句子」？

A. 西瓜是蔬菜　B. 西瓜

C. 蔬菜　D. 西瓜、蔬菜、火龍果

2. 康傑在故事中特別教小孩分辨什麼？

A. 句子的類型　B. 語詞的類型　C. 人的類型　D. 好人跟壞人

3. 以下何者為康傑所提到的「否定句」？

A. 傑洛特是獵魔士

B. 傑洛特飯吃的很多

C. 傑洛特不是普通人

D. 如果傑洛特是獵魔士，我也是獵魔士

4. **以下何者為康傑所提到的「條件句」？**

A. 傑洛特是獵魔士

B. 傑洛特飯吃的很多

C. 傑洛特不是普通人

D. 如果傑洛特是獵魔士，我也是獵魔士

六、哈哈鎮

康傑來到了一個充滿活力的小鎮：哈哈鎮。哈哈鎮不大，但鎮中心有個旅行商人市集，許多商人在此買賣。這種地方人多手雜，治安通常不太好，可是哈哈鎮的治安非常好，所有人都熱情、純樸、友善。

哈哈鎮民喜歡「哈」或「哈哈」這個字，不只是用來打招呼，他們也會在字尾，或把不重要的字用「哈」代替。

康傑前陣子都睡在山洞草房裡，有些腰痠背痛，便在鎮上多住了幾晚。他把自製的草藥與香水帶到市集出售，當時會製作這類東西的人非常少，讓他賺進不少旅費。當康傑有點餘錢想上街購物時，卻出現了意料之外的困難。

「哈哈，客人您好啊！哈。」商人熱情地招呼康傑。

「哈，醃蘿蔔跟醬瓜怎麼賣？」康傑入境隨俗使用哈字。

「哈哈，醃蘿蔔哈醬瓜只要五十銅。」

康傑心想還有點貴，但現在儲糧不夠，不太安心。他還是買下醃蘿蔔，那商人卻把醃蘿蔔跟醬瓜都包了起來。

商人：「客人，您要的東西都包好了哈。」

「我不是買醃蘿蔔哈？」康傑還有點外來口音，但已經滿會使用了。

「醃蘿蔔哈醬瓜、醃蘿蔔哈醬瓜。」

（「醃蘿蔔哈醬瓜？」所以「哈」是「而且」或「加上去」的意思囉？）康傑好像弄懂了什麼。邏輯祕典6A

「柑橘哈梨子、柑橘哈梨子三十五銅。」

康傑心想能買到這麼便宜的水果也真是不錯。沒想到老闆只給了他其中一袋。

康傑感到莫名其妙：「柑橘哈梨子？」

「柑橘哈梨子。」老闆點點頭，笑了笑，但還是只給他一袋。

康傑開始思考著：（所以，哈有的時候是「或」，二選一的意思，也有的時候是「且」，兩個一起的意思。）邏輯祕典6B

康傑又實驗了一下，發現哈哈鎮的「且」跟「或」完全不分，都是用「哈」，要自己判斷。

等他去到賣武器的地方，又遇到了新狀況。

「哈哈飛刀，五銀。」老闆有些冷漠地說。

「哈哈飛刀？」康傑問。

「哈哈飛刀。」老闆拿起一把飛刀邊說。

康傑心想，「哈哈」大概是「全部」的意思吧！每把飛刀都五銀，所以他拿起了一把造型特別的飛刀，付了五銀，老闆卻搖搖頭，比了十銀的手勢。

（所以，哈哈飛刀不是全部的飛刀？只是指某一些飛刀嗎？）康傑默默再掏出五銀。

這想法很快又被推翻了，買箭時「哈哈」又指全部的箭。

「所以哈哈鎮的人『且』跟『或』不分，都叫做『哈』。他們『所有』跟『某些』也完全不分，都叫做『哈哈』。」康傑坐在路邊自言自語著。邏輯祕典 6C

突然有人急急忙忙來找他。

「您好，我是哈哈鎮長的管家，聽說您在賣藥，是醫生哈？」

「是的。簡單的我會看哈。」

「拜託您哈，鎮長中毒哈。」

「中毒？」康傑很疑惑，怎麼突然中毒了。

中毒只要分秒之差就是死與活的區別，康傑趕緊到鎮長的家裡，鎮長已經昏迷不醒。

「是被蛇咬還是怎麼回事？」康傑開始要釐清中毒種類。

「食物，他吃完飯之後才這樣。」管家很著急。

「他吃了什麼？」

管家請了另一個僕人過來。

「主人吃了火腿哈蘋果哈鴨肉哈牛肉哈栗子哈酒哈柿子哈木瓜。」僕人講了一連串食物。

「怎麼可能吃那麼多？你是不是有一些不確定？」康傑聽完覺得難以置信。

僕人點點頭，然後說：「牛肉哈栗子哈酒。」

「不行，還是太亂了。快點拿紙過來！」康傑快要被哈哈鎮的習慣氣死。

管家急忙拿了紙過來。康傑對僕人說：「把確定的圈起來。」

那僕人畫了幾個圈之後，康傑才確定了食物中毒的原因，在簡單解毒治療之後，鎮長恢復了健康。

鎮長：「醫生，謝謝你，真是太感激你哈。」

「哈哈鎮是個不錯的城鎮，這兒的治安很好，人們願意工作，物產豐富，只可惜……」

「只可惜？」

「只可惜語言習慣有點不好，也影響到思考。」康傑把鎮長中毒時的情況描述了一遍，讓鎮長理解了他遇到的狀況可能是很危險的。

「我明白哈，的確很危險。」

「把『且』跟『或』，『所有』跟『某些』混淆在一起，對認真思考有很大的妨礙。配藥或製造優質的武器，或修築堅固的房子都需要『配方』，這些配方

需要清楚的說明，像急救時這種狀況是絕對不允許發生的。」✎邏輯祕典6D

「你說的沒錯。」鎮長點了點頭。

「這是小習慣的改變，也許只要從您開始改變說話的方法，用不同的詞去分開這四種不同情況，大家就會慢慢習慣。」

「我怕大家不習慣，如果換了其他的字，大家會不會不願意去用？」

「不用堅持換不同的字，其實只要有方式辨別就可以。例如一個哈跟兩個哈可以分別表示『或』跟『且』，三個哈跟四個哈可以表示『某些』跟『所有』。又再或者，您可以用長音跟短音去分辨。」

哈哈鎮長接受了康傑的建議，哈哈鎮改進了使用語言的習慣，並繼續平安富足的生活。

✎**邏輯祕典**6A — 邏輯很注意句子的類型，「連言句」是把兩個句子用「而且」連起來的複雜句。例如：「我收了房間，而且倒了垃圾」是由「我收了房間」跟「我倒了垃圾」連結而成。你

也可以說「我收了房間，還倒了垃圾」或「我收了房間，也倒了垃圾」這都是用不同詞彙說同一個「連言句」。

邏輯祕典6B——「選言句」與「連言」結構相似，但用途全異。選言句是用「或」把兩件事或句子連起來的複雜句，例如：「他或她至少有一個人會拿到冠軍」，「選言句」有「不確定」的意思，兩件事無法確定哪件對，但至少有一件對。人的理智並非只能硬梆梆肯定或否定單一的事實，有時就是只知道「大概」或「至少」的輪廓。選言之所以用「選」是因為「或」有種可選擇的意思，但現實世界並非每件事都牽涉到人的選擇。當我說甲或乙會拿到冠軍，不代表冠軍是我選的，某整數或比零大或比零小也不見得跟人的選擇有關。關鍵是「或」可以形成一種至少有一個對的句子。

邏輯祕典6C——「所有的蘋果都十元」跟「某些蘋果都十元」又是兩種剛剛好相對的句子，前者是「全稱句」，說「全部的東西如何如何」，後者是「特稱句」，說「某一些的東西如何如何」。這些句子的意思差別非常大，在思考時一定要分辨清楚。

邏輯祕典6D——不同種類的句子應該被分清楚，否則不管在溝通上或思考上都會引致可怕的混亂。

勇者挑戰

1. 以下何者是「連言句」？

A. 牛頓是物理學家，也是數學家
B. 牛頓或萊布尼茲中有一位是微積分的發明者
C. 所有的蘋果都掉在牛頓頭上
D. 某些蘋果掉在牛頓頭上

2. 以下何者是「選言句」？

A. 牛頓是物理學家，也是數學家
B. 牛頓或萊布尼茲中有一位是微積分的發明者
C. 所有的蘋果都掉在牛頓頭上

D. 某些蘋果掉在牛頓頭上

3. **以下何者是「全稱句」？**

A. 牛頓是物理學家，也是數學家

B. 牛頓或萊布尼茲中有一位是微積分的發明者

C. 所有的蘋果都掉在牛頓頭上

D. 某些蘋果掉在牛頓頭上

4. **你覺得這一課想表示的重點是？**

A. 我們應該只使用連言句

B. 我們應該只使用選言句

C. 我們使用句子時應該分清楚類型

D. 我們使用句子時不該分類型

七、不疑之國

康傑沿著筆直的路前行，已三天不見人跡。正當他懷疑參考地圖是否有錯時，眼前出現一個被白色城牆包圍的城市，城門上寫著「不疑之國」四個大字。

康傑旅行的大陸上不流行「帝國」這種巨型國家組織，大部分的「城市」也就等於是「國家」，一個城就是一個小國家，以一種獨立又驕傲的方式存在著。

康傑辦了簡單手續，衛兵便放他入城。

「我們國家歡迎旅行者。」衛兵熱情地歡迎康傑。

「你們國家的名字還真特別。」康傑看著城門上的大字說。

「不只名字，這裡是永不懷疑任何人的國家！」衛兵眼神裡透露出堅定與驕傲。

「永不懷疑任何人？也包含旅行者嗎？」

「當然，也請您盡量不要懷疑我們所說的話。」康傑下意識地提問，卻沒想到被衛兵「提醒」了。

康傑入了城，找了間旅店休息。第二天起床後請了導遊領他參觀。

「我只有右耳聽得見，並肩時請您站在我的右邊說話。」

「其他情況呢？」

「面對面時正常說話即可，可以讀唇語。」

「我們國家的風俗是從不懷疑任何人所說的話。」導遊一開始就講明了特色。

「那是什麼意思？」康傑已經聽過一遍了，但還想再問清楚一點。

「就是字面的意思，任何人說的任何話我們都不加懷疑。在我們的國家裡，你可以拒絕別人的要求，卻不能懷疑別人話語的真實性。」兩人開始並肩而行，導遊也加大了音量。

「任何話？真的嗎？」康傑不假思索的提問。

「你看，你這後半句話便是在質疑我發言的真實性了。懷疑別人的話在此是極不禮貌的。」導遊雙手叉腰微微表示不悅。

「能請問這風俗的原因嗎？」康傑轉換了一下問的方式，心想這樣也許不算質疑了。

「其實問原因也算『懷疑』的一種，既然你付了工資，我就忍受一下無禮吧！本城曾是另一個大國的附庸，當時流傳著絕對不懷疑宗主國的習慣，後來宗主國被滅，此城卻留了下來，習慣便一直留到今天。」邏輯祕典7A

「但假如對方明顯說謊，或包含明顯的錯誤，你們也不懷疑嗎？」康傑忍不住，還是問了。

「當然不會，會這樣說代表你是一個有偏見的人。有偏見的人才會覺得別人說謊或有錯，但錯的往往是自己。難道你從不相信別人說的話嗎？」導遊顯然受到康傑影響，也提出了質疑。

「我並沒有『從不相信』，而是『懷疑』，『懷疑』不等於『不相信』，『懷疑』是經過自己思考檢驗之後，再選擇是否相信。」邏輯祕典7B

「可是這樣被你懷疑的那個人，豈不因此而非常不悅？」導遊尾音微微上揚。

康傑誠懇地說：「我並不針對『個人』懷疑，而是懷疑『判斷』的真實性。任何判斷都可能出錯，不說別人，我也常懷疑自己的判斷是否正確。」邏輯祕典7C

兩人剛好經過一群小孩身邊。孩子們唱著歌、七嘴八舌討論著生活趣事。

「假設你有了孩子，他若一直懷疑或否定你的想法，怎麼才能教育他呢？」

康傑認真思考，覺得教育跟懷疑並不衝突，正考慮怎麼說，卻有個事件打斷了他。路邊小攤旁有人偷了一袋貨物後轉身就跑。不過沒多遠，就被士兵攔下。

「你！為何匆忙奔跑？」士兵攔路追問跑者。

「我……急著要把買的東西送回家！」康傑一眼就看出這是謊言，超明顯那種。

「好！小心別撞到人。」士兵讓犯人離開了。

「我不敢相信士兵居然放他走，這很常見嗎？」康傑驚訝地問。

「當然，標準應該對所有人一視同仁才對。」

「那萬一兩人說法衝突怎麼辦？老闆可能會指認他偷東西，犯人卻說沒有。怎麼解決？」

「我國處理方式是依順序，先說的會被接受為事實，我們絕不懷疑別人說的話。」

「可是先說的不見得是事實啊！在剛剛的情況裡，你我都知道不是。」康傑據理力爭。

導遊搖了搖頭說：「這個例子或許如此，但仍有許多真假難分的狀況，先說者對的機會佔一半以上。為了小事懷疑彼此，不見得符合事實，卻先傷了彼此的和氣，這才不值得。」

談話之間兩人來到公園，眾人圍在一名被馬車撞到的傷者身旁，一位自稱醫生的人上前查看。康傑略懂醫學，便探頭去看。

醫生查看後對傷者說：「只是皮肉傷，買點外傷藥就好。」

傷者道謝後起身，立刻痛得大叫，康傑心想：（光站起來就痛不可能只是皮肉傷，他一定摔斷了骨頭。）不過現在又不能懷疑別人說的話，康傑可不想直接被趕出去。

導遊很自信地說：「怎麼樣，我們的國家很進步吧？」

康傑心想：（這也太荒謬了，對所有話不加懷疑只會停留在混亂之中。經懷疑檢驗，人才能發現真相、遠離錯誤與解決衝突。）不過實際上他說：「沒錯！」配上燦爛的微笑。

最後一站是市政廣場，此地正在進行一場重要的審判。

「有人指控你叛國的罪刑，你有什麼話要說嗎？」

眾人目光集中在一個老人的身上，老人臉上有兩三條刀疤，表情寫滿冤屈與憂傷。

導遊很感慨：「這是我國有名的飛將軍，沒想到他會犯叛國罪。」

康傑驚呼：「飛將軍！」康傑聽聞過他，飛將軍的驍勇善戰比城市本身更有名，他才是本地能存續的主因。康傑久聞大名，只是沒想到見到本人是在這樣的場合。

法官念完罪狀後，老人沒有回答。

「在法庭上也不能質疑嗎？」康傑小小聲地問導遊。

「當然不行，這種公開的場合哪能這麼粗魯？」導遊也面對著康傑小聲地說。

「那請他回答問題到底是要說些什麼？」

「表示悔意，爭取輕判的機會。」

法庭上安安靜靜的，老人沒有答話，只是傷心地看著遠方。

「既然你不特別說什麼，這個案子就這樣定了。無風不起浪，我今天在此判飛將軍為叛國罪。」

人群躁動，遠方有人開始喊叫，康傑跟導遊趁亂離開。

「在我來的路上，聽見情之國正準備進攻其他國家。將軍被控叛國的案子，難道不會是情之國的陰謀？」康傑的聯想其實很合理。

「哪有這種可能，你也聽法官說了無風不起浪，怎麼可能確定無罪？懷疑既浪費時間又不禮貌，我勸你早點戒掉這個壞習慣。」導遊語重心長地勸誡康傑。

「你這難道不是在懷疑我說的話嗎？」康傑反將一軍。

一天之後康傑離開了這個有漂亮城牆的國家。

失去了舉世名將，情之國的軍隊輕易攻破了永不懷疑之國的城牆。這個國家再度失去了獨立自主，成為附庸。

邏輯祕典7A — 任何句子都有可能是對或不對。對某句話表示出的想法表示無法確定，或認為還有其他可能性，或追問原因，叫做「懷疑」。

邏輯祕典7B——「懷疑」不等於「不相信」，而是經過檢驗之後再選擇是否相信。法國數學家與哲學家笛卡兒便以「方法論的懷疑」的觀點聞名。他認為要得到真確的知識，就要懷疑理所當然的意見，沒有經過懷疑檢驗不得視之為知識。受笛卡兒啟發的人們更信服於理性思考，懷疑檢討後反而拓展了知識，邁入了自然科學的黃金時代。

邏輯祕典7C——懷疑通常針對的是「想法」的對或不對，而不應該針對「人」，人也可以懷疑自己。如果你一邊懷疑一邊指責對方，就會讓人感覺是針對人攻擊，而不是針對想法。對方反而會因為情緒影響難以接受你的看法。

勇者挑戰

1. **對某句話表示出的想法表示不確定，認為還有其他可能性，或追問原因，叫做？**

A. 贊同　B. 懷疑　C. 挑釁　D. 生事

2. **康傑說他不是針對人懷疑，而是針對？**

A. 戰鬥能力　B. 看法　C. 組織　D. 體格

3. **以「方法論的懷疑」的觀點聞名是以下哪位思想家？**

A. 笛卡兒　B. 卡迪娜　C. 狄卡農　D. 愛因斯坦

4. 以下何者你覺得不像是懷疑「想法」，而是在懷疑「人」？

A.「不可能有別的原因嗎？」

B.「難道只有這兩種可能性嗎？」

C.「問題不可能出現在這部分嗎？」

D.「你居然覺得你有資格評論這些？」

八、權威之國

離開了不疑之國，旅行的康傑繼續向西進入了一座小森林。原本在小森林悠閒的馬車之旅，卻突然陷進了一大片爛泥之中，小馬加上他的力氣還是差了一點點，無法把車輪拖出泥沼。

「怎麼辦？」這路人煙稀少，康傑開始擔心起來。

遠方人影漸漸走近，一名魁梧大漢出現在康傑面前。他說：「需要幫忙嗎？」

康傑與大漢合作，終於把馬車推出泥濘地。

「謝謝你了，真不知如何感謝。」康傑鬆了一口氣，原本還以為要在路上過夜了。

「舉手之勞，不過我現在沒空，我得去警告城裡的人。」說完話他便頭也不回地離開。

順著路走出森林，眼前出現了一堵宏偉的城牆與大門，牆壁上刻著：「權威之國」四個大字，旁邊還有一小行字寫著：「我們只關心人的品質。」

康傑心想：（這總該比上次那個不懷疑的國家穩定多了吧！）

康傑在門口辦了簡單的手續，進了城，找了間旅店，休息一天之後請導遊介紹本地文化。

康傑先向導遊說明自己的聽覺狀況。

導遊：「那我講大聲點好了。我們國家認為人品或專業高於一切，這些是長久的表現，不是一時半刻的觀察，作不了假。請問你聽過《狼來了》的故事嗎？」 邏輯祕典 8A

「不確定，我也想聽你說說看。」

「從前有個養了一小群羊的男孩，加入了村子的互助會，狼出現時合力趕狼。但男孩不誠實又愛作弄人，謊稱狼來了只為了惡作劇，最後大家決定不相信他。等他的羊圈真的被狼入侵時，再也沒有人來幫忙了，他的羊全被吃了。故事告訴我們信用的重要。」導遊快速地說完了這個故事。

康傑回道：「信用的確很重要。不過最後一段男孩的確說了實話。」

「說了實話？那又怎麼樣？他已經消費完自己的誠信，再說的都是無益的虛言。」

「誠信是一回事，話的真假又是另一回事。在剛剛的故事中，若狼群來了是把所有人的羊都咬死了，豈不變成所有人因不相信實話而損失？」邏輯祕典8B

「你想像力太豐富了，不會有那樣的情況發生。我真不明白你為何要替不誠實者說話。」導遊從沒聽過這種說法，有些不悅。

突然有個街童跑了過去，邊跑邊喊著：「情之國打贏了！情之國打贏了！」

「這些不誠實的街童，沒事就散布一些不實消息，很多都是有心人在背後操作。」導遊帶鄙夷的語氣說。

但他們走著走著，卻發現廣場旁邊的角落，有位外交官正在說明情之國最近大勝這件事。

康傑仔細聆聽後：「我剛從情之國周邊過來，他所說的的確沒有什麼錯誤。」

「當然，這是專業的外交官，自然沒有錯誤。」

「可是剛剛那個街童說的是一模一樣的訊息，不是嗎？」康傑不理解怎麼同樣訊息換了個人說明就值得相信了。

導遊皺眉回道：「這兩人能力天差地遠，怎能說提供一模一樣的訊息呢？難道你不認為專家才具有權威，才是我們該倚賴的對象嗎？」邏輯祕典 8C

「來啊！新到的貨品，從遠地來的新鮮貨品！快來買喔！」商人高聲呼喊拉客。

旁邊一位學者樣子的人：「我保證這些都是高級品，物超所值！」學者也幫著廣告。

康傑湊過去看了看，發現賣的根本不是什麼高級品，只是價錢無緣無故提高了。

康傑對導遊說：「我問個假設性的問題，如果我說這些根本不是高級品，這些人說的也不是實話，你們會相信嗎？」

「那是不可能發生的。這位商人與學者的人品跟信用都很好。這位旅行者，我們不了解你，無法信賴你。你該不會是因為我否定你對故事的解釋生氣了，就想造謠？」

「我只是假設一下。話說回來，難道你們不認為話語的真假最終應取決於事實，而不是權威的保證嗎？」

「我們不認為講求事實的說法有什麼意義，權威才是保證。」

「可是這個世界上除了人說的話以外，不是也有客觀的物證嗎？」康傑還是不了解，為何權威這麼值得相信。

「物證太容易捏造了，也有認定的問題，效力無法與人相提並論。我們相信專家跟好人，因為專家跟人品都不是一天就能養成的，無法作假，所以是真正可靠的！」邊說著，導遊向康傑展示了他的證件，以表示導遊專家的身分。

談話被突發事件打斷了，廣場中心有個男子光著上身，拿著銅鑼用力敲打。

康傑認出那人就是幫他推車的大漢。

「請大家注意！」大漢邊敲鑼邊喊：「我有很重要的事情要跟大家說！」

廣場的人都轉頭過去聽他說話。

「孟鐵！你想說什麼？」群眾中有個嗓門較大的人，他叫阿德。

「我有攸關城市性命的事情。堤防的內部有裂隙。」孟鐵嚴肅地說。

「什麼裂隙？」

「我在洪水季時經過堤防，堤防附近全是濕氣一片。東邊道路也因此而泥濘不堪。」

旁邊的人開始議論紛紛，康傑知道他說的是實話。

「你們別相信他。」一個男子道：「我是修繕堤防的工程師，每個月都會定期檢查，沒有異狀！」

孟鐵反問：「可是你有在河水暴漲那天去檢查嗎？平常是檢查不出來的。」

工程師自信地回應：「我每個月都定期檢查，以專業與人格保證無虞。」

突然有人喊：「孟鐵！你不是因打傷了人被人告過嗎？還敢說這些？」

此言一出，四周人都開始指指點點起來。

導遊也忍不住插嘴：「我們應該尊重專業工程師的意見，這才值得信賴。」

大家都鼓掌叫好。

「我過去傷人是事實，我承認，但我剛說的也是事實。堤防關乎性命，你們可以自己去看……」正一還想試著說服大家。

剛剛那位商人突然現身出言打斷了孟鐵：「孟鐵，你欠我的錢，什麼時候才能還清？」商人一站出來，氣勢驚人，但孟鐵並不畏懼，只是當他看見商人身後的一名少女，兩人都立刻低下了頭，康傑猜這應該是一對愛侶。

商人又說：「攸關性命？我們居然要相信一個還不出錢又使用暴力的人說的話。他講話的真實性就跟還錢的機會一樣是零！」邏輯祕典8D

眾人紛紛嘲笑孟鐵，孟鐵自知理虧，沒有再說話。

導遊對康傑說：「你看看！我們要相信罪犯的話，還是信用好的人說的話？」

康傑沒有回話，他付清了導遊費，走過去對孟鐵說：「很高興能再見到你！」

「你看見了。這就是我不跟你一起進城的原因，跟我一起進城，沒有人會相信你說的話。」孟鐵很沮喪。

「你說得沒錯，不過在這個城市裡，我只想跟你說話。一個人說的是否是實話跟他的身分無關。我請你喝酒吧！」康傑拍了拍孟鐵的肩膀，希望他打起精神。

「可是我有債務在身，不太方便跟你一起喝酒。」

「那些小事我來搞定吧！」康傑對他眨了眨眼睛。

康傑幫孟鐵還清了一小筆的債務，孟鐵後來也說服商人女兒與他私奔。在下一個雨季來臨河水潰堤之後，他們倆是這個城市少數逃出來的居民。

邏輯祕典8A — 生活中人們常依說話人的人品或專業知識來決定是否信賴對方說的話，我們把這種與說話者身分相關的說服力叫做「權威」。

邏輯祕典8B — 即使說話人的人品或專業知識的確有助於判斷真假對錯，但想法或句子真假，最終而言，還是依照符不符合事實決定。符合事實的為真，不符事實的為假。

邏輯祕典8C — 因為說話人的「身分」而不是說話的「內容」而相信不疑，通常稱為「訴諸權威」。本篇想強調的不是永遠不要相信權威，而是說即使權威依然有可能出錯，一味相信人格或專業的力量，不加任何存疑，或否定任何非權威的力量，一樣都是被蒙蔽。

邏輯祕典8D — 政治中人們常用挖出對方的醜聞去攻擊對方，連帶否定對方所有意見，這叫「人身攻擊」。人身攻擊跟訴諸權威類似，只是好壞方向剛好相反罷了。如果單純論事實，人身攻擊不算好事。因為再怎麼糟糕的人也可能說出真話。要相信真假最終取決於「事實」，尊重或相信權威力量的同時也要保留承認錯誤的可能。

勇者挑戰

1. 故事中康傑強調真正能決定一句話真假的其實是？

A. 證據　B. 權威　C. 事實　D. 神

2. 以下哪句話你認為是在「訴諸權威」？

A.「他說的比你有道理。」　B.「他說的更符合事實。」

C.「他說的跟我們的預測相符。」　D.「他比你強，所以他才對。」

3. 以下哪句話你認為是在「人身攻擊」？

A.「你的計算過程錯誤。」　B.「這些證據都有變造過的痕跡。」

C.「這些證據根本不夠充分。」　D.「你就是一個騙子。」

4. 以下何者你認為是本篇推薦對權威的態度？

A. 永遠拒絕權威

B. 永遠相信權威

C. 可以相信權威，但不應該無條件相信

D. 可以相信權威，但自己必須也是權威

九、虔信者之巔

康傑發現不遠的山巔上，有座建造中的神殿，立起的梁柱相當宏偉，便駕車上山去看看。上山小路蜿蜒，但並不危險。康傑來到山頂，施工中神殿的旁邊有塊石碑，上面寫著「虔信者之巔」。

在虔信者之巔上，信徒們立起了六根巨大的，至少兩個人才能環抱起來的石柱。附近地上擺滿了如方石、長石、角柱、圓柱等各種建築石料。神殿的巨大地基已經完成，開始地表工程。

「您好，旅行者。」有個信徒跑過來，臉上掛著笑容，氣喘吁吁地說：「歡迎您，我們正在建造神殿。」

康傑想到工作的信徒們需要奉獻，從懷裡拿出一包錢幣說：「請容我向神明致上敬意。」

「太感謝您了。」信徒感激地收下奉獻。

「想請問，這裡是哪一位神明居住的神殿？」康傑恭敬地詢問。

「這是萬神殿。我們敬拜所有的神明，一切神明。」信徒虔敬地回應康傑。

「一切神明？那是這座神殿如此宏偉的原因嗎？」

「這是當然，安置眾多的神像大不易。」信徒展示了背後眾多、大小不一的神像。

「你們敬奉如此多的神明，有什麼特別的理由嗎？」

信徒笑著說：「當然有。我們相信只要有可能的，就必定是真實的。」

「這是什麼意思？」康傑不太理解。

「就是字面上的意思。我們認為，只要有可能的就是真的，比方說，上次有人說某人可能偷了大家的奉獻，後來一查果然有這麼一回事。」信徒相信這是一種神蹟。

「所以你們就因此相信，只要是可能的，就是真實的？」

「對，世界似乎就是這麼一回事。」

邏輯祕典 9A

「所以說，如果我有可能從情之國來，我就的確是從情之國來的？你看這是情之國匠人製的劍。」康傑試圖問。

信徒點頭：「是啊！你看你自己都說自己從情之國來的，你當然是從那兒來的。」

「那你看這個盾牌，情之國的人是絕對不會用盾牌的，所以我也可能不是情之國的人。」情之國的人推崇進攻的勇敢，不用盾牌。

「所以你要說的是你其實不是情之國的人是吧？」

「不是，我要說的是我既可能是情之國的人，也可能不是，那你要怎麼說我到底是哪一個？」

「這個嘛……」信徒抱著頭十分苦惱，他只好求助於主教。

「這位先生，我的信徒們有些事情沒想清楚，請讓我來回答。如果一件事情正反兩種情況都有可能，我們會相信合理的那一件。」主教了解了情況後，回應康傑的問題。

「喔？相信『合理的那一件』。」康傑覺得這個回應相當有趣。

「兩件衝突的事，一定有一件合理，一件不合理。我們會選擇相信合理的那一件。」

「不可能兩件都合理嗎？」

主教搖搖頭：「必定有一件合理，有一件不合理。比如說你擁有情之國的劍，便說自己是從情之國來的，這不合理。情之國的劍也可能是別的人賣給你的。而你使用盾牌，正說明了你根本不是情之國的人，對嗎？」

「這你的確是對的，我不是情之國的人。」主教比起剛剛的信徒，更懂得推理。

「所以這就對了，我們的基本原則是：合理的必定是正確的，必定是真的。錯誤的事情，一定有不合理的地方。」

邏輯祕典 9B

「會不會有時候兩種衝突的解釋剛好一樣合理，所以我們不知道哪一個是真的？」康傑換了個提問的方向。

「這是極不合理之事。」

「如果你的馬車不見了，你看了看四周認為合理的解釋是滑下山坡，這就一定是對的，對嗎？」

「這個當然，馬車不會憑空消失。」主教信誓旦旦地說。

「但後來又發現，其實馬車是被強盜駕走的，難道不會有這樣的事嗎？」康傑將故事發展轉了個彎。

主教想了想後說：「這樣的事是有的，但這就代表你一開始認為馬車滑下山坡的解釋，根本是不合理的，是錯的。」

「不能說那只是當時合理的判斷，而是一定要說那是錯的嗎？」邏輯祕典9C

「對，錯了就表示當初的判斷不合理，不符事實的想法一定有不合理的地方。人有理性，理性必定能發現哪一個是合理的，必定會相信合理的就是真的，不合理的就是假的。人說話時既是說服別人，同時也在說服自己。」主教很認真的這樣說。

「人說話時既是說服別人，同時也在說服自己？」康傑忍不住複述主教的話。

「從人有理性這點來看，自然如此。」

「那我想問你們，你們認為人會撒謊嗎？」

「人當然會撒謊，撒謊也是一種不敬神的罪惡。」主教指著一座誠實之神的神像。

「先別管神的態度……」康傑：「照你們的說法人怎麼可能撒謊呢？撒謊的內容必定對他而言是合理的，人不會說天上有兩個太陽這種謊話，對嗎？」

「對的。」主教點點頭。

「說謊的人根本不相信自己所說的合理內容是真的。你剛剛不是說了嗎？人說話同時也是在說服自己。可是撒謊者並沒有同時在說服自己，而是在說服別人。說謊就是試圖讓別人相信自己根本不相信的事。」邏輯祕典9D

主教陷入了沉思。

康傑繼續說：「再舉個例子，如果有人問你山下那條路往東走，是不是可以通向一座城，你會怎麼回答呢？」

「那條路通向權威之國，這兒有些信徒是從那兒來的。」主教理所當然地說。

「是的，你的回答毫無疑問是合理的。可是在你不知道的山坡的那一邊，道路已經被截斷了，又甚或在我們說話的同時，一座城池也可能在很短時間內被洪水或巨龍毀滅。」

「我不懂你說這些是要證明什麼。」主教不懂康傑的用意。

康傑露出微笑：「我要證明的事情很簡單，一個想法或一句話，不管有再充分的理由，再合理，都有可能是錯的。對我們而言，相信一件事是真的，跟相信一件事是合理的，根本就不一樣。儘管有再充分的理由，但最後決定真假的還是『事實』，而不是合理與否。同樣的，從不符事實反推去說想法不合理，也是錯的。」

他們說到這裡，突然有一陣大風吹過來，超乎一般人想像的強風，這陣風吹歪了一根剛架好的石柱，石柱在傾斜中慢慢倒了下來，壓垮了下方結構。一連串的掉落倒塌之後，施工中的神殿大約有三分之一毀壞了。

「怎麼會有那麼大的風？怎麼會這樣？我們明明都算好了的。」那主教氣急敗壞地說。剛剛的話對他已經不再重要了，他帶著信徒趕忙去清理場地。

「合理的不見得就是事實，就是這麼一回事。」康傑自己說完後，離開了山巔，也不在意是否有人聽見。

邏輯祕典9A 一 「可能」與「現實」雖然不是毫無關聯，但千萬不要以為「可能」就等於「現實」。這說法在故事中很蠢，可是現實生活卻很常發生。例如，我們常常從懷疑甲做了某件事跳到相信是甲做了那件事，中間細節完全出於猜想。把「可能性」直接當「證據」的壞習慣其實很常出現，大家一定要特別提防。任何的可能性都不該直接相信，而是要尋找能支持的理由或證據。

邏輯祕典9B—合理的一定對，錯的一定不合理，看起來是理性的原則，其實並不合理。從邏輯的角度來看，決定一句話真假的永遠是「事實」，既不是「人」，也不是「理由」，即便這兩者都對確定真假有幫助。但不能決定對錯。

邏輯祕典9C—有時事後發現的錯誤不代表當時不合理，那可能只是當時手邊資訊所能做出最好的解釋。一個人認為只要「有錯誤」就必定「不合理」，反而是心智混亂的表現。

邏輯祕典9D—對人而言，相信一件事是真的，跟相信一件事是合理的，根本就不是同一件事。說謊是說服對方接受一件你主觀上覺得不對，卻要在客觀上說得極為合理的事情。我們不能拿一個人說的是錯的，來說那個人必定說謊，也不該因為一個人說的極為合理，就說他說的必定是真的。

勇者挑戰

1. 以下何者「不是」故事中的虔信者相信的？

A. 合理的一定對　B. 錯的一定不合理

C. 可能的就是現實的　D. 現實完全是虛幻的

2. 故事中康傑強調真正決定一句話真假的其實是？

A. 合理　B. 權威　C. 事實　D. 理論

3. 「説謊」與「説錯」之間的關係是？

A. 説謊就是説錯

B. 説錯就是説謊

C. 説謊跟説錯都取決於結果好壞
D. 説謊是説服對方接受一件你覺得不對的事，説謊跟説錯與否無關

4. **本篇故事是想要説明？**
A. 合理的一定對
B. 我們可以盡可能給出理由，但最後決定真假的還是事實，不是思想
C. 「可能」必然等於「現實」
D. 錯的一定不合理

十、相信直覺的旅人

康傑路上遇見了一個搭便車的旅人，旅人說他只相信直覺。

「我只相信直覺，其他都不信。」旅人：「什麼理論啊、推理啊、事情間的關聯啊，我都不信！」

康傑故意坐在旅人的斜對面，方便讓他用眼角餘光判讀對方所說的話。

「為什麼要這樣子呢？」康傑想知道旅人想法的理由。

「你一定是剛出來旅行的吧？」

「是的，沒錯，我是剛出來旅行的。」

「你不知道旅行中有各種莫名其妙、意想不到的事情，根本無從推斷。」

旅人雙手抱胸，彷彿在回憶沉思。

「無從推斷？」

旅人用自信的聲音說：「是的，經驗與推理很少有用，什麼都可能發生，世界上的事根本沒什麼關係，沒什麼道理。」

「你是在旅行中發現這點的嗎？」

「對啊！你再旅行一陣子就會明白了。」

「既然你是旅行了一陣子，累積了經驗之後才發現這件事，這不代表累積經驗與你的直覺判斷有關聯嗎？」康傑想了一想問了旅人。

「這個嘛……」旅人回：「嚴格來說這也不是關聯，你會發現這才是事實。」

「我會發現這是事實，所以我會接受？」

「對的，你很快會發現這是事實，並且接受。」旅人點點頭。

「所以，發現事實並接受它，這不能算是一種關聯或道理嗎？」

旅人用懊惱的聲音說：「你為什麼一直舉我如何從直覺判斷的例子？除了直覺，我也會直接用看的啊！就好像，當我剛剛看見你，就知道你是一個和善的旅人，會讓我搭便車。」

「所以，你是從剛剛看見我，知道我的和善，因此認為我會讓你搭便車嗎？」

「是的，我就是如此。」

「既然你是『因此認為』，就代表人各種想法之間，並不是毫無關聯的，想法原來就有自然的關聯。這種關聯幫我們從看見到或直覺到的想法中衍生出更多的想法，其實這就是『推理』。」

邏輯祕典 10A

旅人警覺地問：「這我有點懷疑，推理不都是不可靠的嗎？」

康傑以慎重的語氣說：「有些推理不可靠不代表所有推理都不可靠。舉個例子，如果我袋子裡有三個麵包，那麼說我袋子裡至少有一個麵包，這是對的嗎？」康傑拿起自己的包包。

「看起來應該是對的。」

「如果從我袋子裡有三個麵包，推理出袋子裡至少有一個無花果麵包，這是對的嗎？」

「這就不見得對了，麵包有很多種。」旅人搖搖頭，還邊想邊吞了口口水。

「是的，前者是正確，後者是不正確的推理。分清楚這兩者，就不用排斥推理。」

「如果你一開始是騙我的，袋子裡根本沒有三個麵包，這樣推理出至少有一個麵包，不也是錯的？」旅人想到康傑有可能一開始就撒謊。

「這不是推理的問題，而是說推理有時候會假定一些當出發點的條件，如果出發點有問題，結果自然也會打折扣。舉個例子，你欠我的一百金幣何時要還我？」

「什麼何時還你？我有欠你一百金幣嗎？」

「那就對了。推理的出發點像一開始的欠債，就算事實上沒有這筆欠債，欠錢也該還，對不對？」

「這個自然。」

「這個道理就跟推理一樣，推理不能無中生有，但也絕非一無是處。」

邏輯祕典10B

「我好像有點懂了。」

「有時甚至不用欺騙，加入新條件也會影響推理。」

「這是怎麼一回事？」旅人不太清楚康傑的意思。

「如果我說面對強盜我可以一打二，現在我面前有一個強盜，該動手嗎？」

「照你的話，當然該動手啊！先下手為強。」旅人並不是手無縛雞之力，也曾經遇上過搶劫，深知先下手為強的重要性。

「可是如果那個強盜是個武神呢？」

「千萬別動手！你說得對，新條件會影響推理，可是這不又代表推理是沒有用的嗎？」邏輯祕典10C

康傑試著為對話下結論：「這一樣是說推理不是完美的，它也會被其他因素干擾。人需要推理並不是說人只需要它，它是人需要的能力之一。要讓過去經驗完全派上用場，就是感覺、直覺、推理都要運用，盡可能周全才對。」

說到這裡，馬車已經來到旅人的目的地。

「就是這裡了，謝謝你。」旅人向康傑表示謝意。

「不客氣，很高興認識您。」

「等一下這條岔路，我有個直覺，你該走右邊。」旅人又使用了「直覺」。

「謝謝您的建議，後會有期。」

依著計畫康傑還是決定走左邊。但沒多久，他也發現草叢間有人埋伏的痕跡，索性把馬車掉回頭。不過才剛轉頭，路旁的樹林便傳來破空聲，三支箭從不同的角度飛向駕駛座，康傑卻不翼而飛。

埋伏在路旁共有三人，兩個手下埋伏在左側，一人單獨在右側。三人同時瞄準駕駛座上的康傑。可是現在三人目光集中處，只剩一輛無人的馬車。

左側手下們說：「可能躲在車廂裡，繼續射擊好了。」馬車上很快又多了幾支沒射中的箭，看來沒多大意義。

「啊——！」

對面突然傳來一聲慘叫，原來勇者康傑一調轉頭便閃身下了馬車，隱沒於右側樹林中，他悄悄接近，成了獵人而非獵物，專心盯著馬車的手下反被偷襲擊中了要害。

埋伏左側的兩個手下逼不得已現身，往右側的藏身處搜索。他們背靠著背，拿著刀警戒。發現了倒地的同伴，卻不見康傑蹤影。就在他們放鬆警戒的那一刻，其中一人突然一痛，脖子上中了一支不知從哪來的吹箭。

「不好，這箭上……」未說完便倒了下去。

剩下一人專心想找出康傑的位置，心中的恐懼卻讓他無法專心。一般人根本殺不了這如鬼魅般的對手，也許他到死都無法見到「他」。

他越這樣想注意力越是分散。就在他轉身瞬間，一支從後方飛來的箭結束了這次偷襲。

康傑從樹林中走出來，正想回到自己的馬車上，一道迅捷的飛影自他身後發動攻擊，康傑急忙以劍格擋。

戴著笑臉面具的男人手持兩把長劍如狂風暴雨般攻向康傑。同樣是勇者的他一劍接著一劍，康傑只能勉強防守，就在笑臉男完全壓制，康傑全面落敗的開始，笑臉男踩到了康傑剛剛才偷扔的陷阱。

康傑練習了很久，他在狹窄的地方防守時會用越來越大的半徑後退走圓，避開自己退後時偷偷撒下的三角木釘。而搶著要攻擊他的對手，往往因為貪快踩在內圈，這就上了當。笑臉男的皮革鞋底被刺穿，腳底受傷。他大叫一聲，後退了好幾大步。

大好機會，康傑趁對手受傷之際全力反攻，笑臉男急忙迴避格擋，他的劍技似乎高康傑一些，很快站穩陣腳，一輪猛攻的康傑最後只砍破了他的面具。令人大吃一驚的是，面具下是一張跟康傑一模一樣的臉。

笑臉男往後又再退了幾大步，並在第一時間翻身跳上自己的馬快速離去。留下了不明所以的康傑。

康傑望著遠去的男子喃喃自語：「這到底是怎麼一回事？」

邏輯祕典 10A — 人除了知覺與直覺以外，也會根據「推理」來判定想法的真假。狹義來說，根據某個給定的條件，來判斷另一個想法對或不對，叫做「推理」。但廣義來說，人只要根據過去經驗中養成的習慣來判定真假，都可以算推理。

邏輯祕典 10B — 如果推理一開始假定的出發點並非事實，那麼即使推理本身完美，推出的結果也不一定正確。但與其說這是「推理」的問題，倒不如說是「假定」的問題。如果因此而去怪罪推理，不但不合理，甚至是違反理性的。

邏輯祕典 10C — 除了假定的條件不真實，後來加入一些影響力很大的新條件也可能讓結果變化。推理除了假定了某些條件，也假定了不存在影響力太大的新條件。所以運用推理思考時也必須盡可能小心，如果真的出現，也只是推理天生的限制，而不是本身的瑕疵。

勇者挑戰

1. 康傑遇到的旅人說他只相信？

A. 推理　B. 思考　C. 直覺　D. 占卜

2. 康傑試圖說服旅人，人思考時除了直覺之外，什麼也很有用？

A. 推理　B. 信仰　C. 體格　D. 占卜

3. 康傑對於推理倒底是可靠還是不可靠如何回答？

A. 推理完全不可靠　B. 信仰完全可靠

C. 有些推理可靠有些不可靠　D. 關於神的推理才可靠

4. 根據本文的想法，以下何者是正確的？

A. 推理完全不可靠

B. 直覺完全不可靠

C. 加入新條件不會影響推理

D. 加入新條件也會影響推理

十一、親見之國

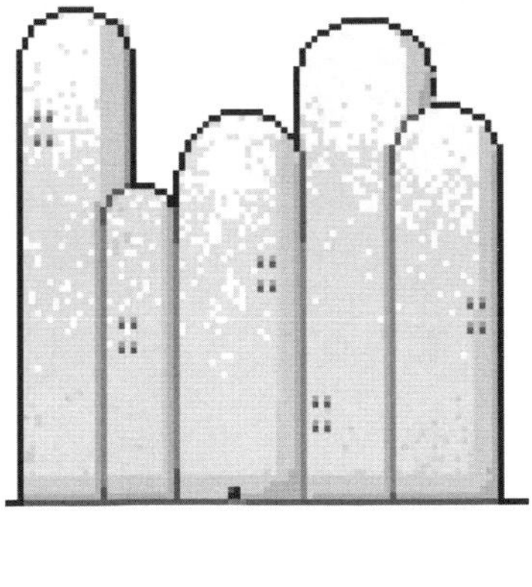

康傑來到了一個圍繞著白色城牆的城市，城門口有一面眼睛圖案的大型壁刻，正下方寫著：「眼見為憑」。

康傑心想：「這總該是理性點的國家了吧？」

康傑填好入城申請，衛兵「親自」檢查了他的行李之後對他道：「你的行李經我親眼查看並無違禁品，歡迎你！旅行者！歡迎來到親見之國。」

入城不久，一名彬彬有禮的男性表示自己是負責招待外賓的使者，約定明早帶康傑參觀。

康傑在旅店舒服地歇息了一晚，準時出門。打扮整齊的使者在店外等候，他對康傑道：「歡迎來到親見之城，很高興您能親自在此參觀，這裡的一切，如果沒有您親眼所見，也是枉然。」

康傑又解釋了自己聽覺的狀況，使者表示毫不在意。

康傑興致勃勃地問：「我想更了解『親見』的意思。」

使者挺胸向康傑解釋：「親見就是『親眼看見』，『親身經歷』的意思。『親

見』是這兒判定真假的唯一標準，再多理由與推論都是臆測。」 邏輯祕典 11A

兩人邊聊邊走過街道，有個看來像傳教士的人，正被士兵們強制帶離。

「我們這兒不許傳揚無法親見的神明，所以傳教士會被驅逐出境。」

「我沒有宗教信仰，但主動趕走宗教的地方不多。」康傑有點遲疑地說。

使者用嚴肅的語調說：「這些人在其他國家沒關係，對我們而言卻是危險的，崇拜看不見的神明與親見的價值觀衝突。如果他們能喚出神明讓人看見，我們會很樂意接受信仰。但你知道越是宣稱自己見過神明的人，越無法證明這點。」

「也許這人在過去曾親眼見過神明，他描述的是自己的經歷。」

「我們會好好判斷。有些對經歷的描述是可信的，你昨天晚餐吃什麼，只要你說出口，我們就不會存疑。但像宗教信仰這麼重要的東西，永生神明這麼偉大的存在，如果無法讓眾人親見，只給一人顯現，肯定是說謊。而且如果他不是為了讓其他人親見並崇拜神明，為何要傳揚宗教呢？」 邏輯祕典 11B

兩人正好經過了一座橋。使者指著橋下高漲的溪水說：「我們認為，如果一件事不能像橋下溪水一樣被親見，再多推想都是枉然。人應該只憑親眼所見來判斷真假。」

「親見當然很好。可是當你們看著橋下的大水，難道不會推想河川的上游下著大雨嗎？」康傑向使者提問。

「除非我們溯溪而上，親見上游大雨，否則推理都是薄弱的。水位上升原因不只一種，只有親見才能如實地裁決。」

「如果是從未被人親眼看見過的事情呢？」

使者搖搖頭：「我們不關心這樣的事。」

「萬一你們遇到有兩種說法，都有人說親見呢？」

「我們會注意他們的說法本身有無矛盾，誰說的更像真的，帶你走趟法庭你就會明白。」

使者領著康傑來到法庭，庭上正在進行一宗遺產分配的案子，雙方都主張自己得到死者的贈與。雙方對經歷的描述都沒有矛盾，也差不多精細。法官除了這兩個人親身證言之外，沒有問任何其他資訊。

法官起身說：「本庭已經做出裁決。本案雙方描述的都是自己親見的事實，但洛琳描述接受餽贈的時間要比卡瑪更晚，鑑於死者可能改變分配財產的遺願，所以認定最後接受餽贈的洛琳獲勝。」

參觀完訴訟，使者問康傑：「怎麼樣?在親見到法官睿智的斷案之後？」

（睿智？）康傑心想：（應該是把死者生前習慣與其他證詞串聯，怎麼會只考慮親見的說詞呢？）**邏輯祕典** 11C

不過基於尊重文化的理由，他點了點頭說：「有其道理。不過我很好奇，若你們不參考親見以外的資訊，未來之事又該如何思考呢?比如說若規劃一些未來的公共建設時有爭議，該如何解決呢？」

使者開心地說：「你真是聰明人，這問題的確困惑了我們好久。我們也想到了解決方法，我帶你去親見吧！」

使者帶康傑來到議事大廳，這裡正舉辦公共政策辯論。辯論主題是市中心的空地到底該蓋公園還是兵營。他發現雙方不是分析這塊地適合蓋什麼，而是像「說故事」一樣描述著蓋好之後的景象。親見之國長年由兩大政治派系占據，分別為我見黨與親目黨。

我見黨議員：「這邊會有一個水池，散步過來的行人，就可以在水邊休息。」

親目黨議員：「士兵們最不可缺的就是精兵利器，剛好存放在這個角落的武器庫。」

原來雙方是用想像力說著假裝看見未來的故事，群眾們專心聆聽，康傑卻覺得很荒謬。

使者興高采烈地說：「你了解了嗎？我們需要有人有看見未來的力量！」

康傑表面上點頭，卻心想：（真要掌握未來，就不能只信親眼所見，要更全面思考啊！）

有個人急急忙忙進來大喊：「情之國對我們宣戰了！他們的先鋒軍正在城外挑釁，要我們出城決一死戰。」

一位像是將領的人走到中間，大喊：「面對直接的挑釁，我們怎麼能不保衛國家？」

群眾應和：「沒錯！」

將領：「你有沒有看見城外的軍隊有多少人？」

「幾十人，絕對不到一百人。」逃回的居民描述著看見的景象。

「不到百人的軍隊敢來挑釁？我帶兩百人出城把他們殺得片甲不留！」將領已經披起甲冑，拔出軍刀對空呼喊。

群眾紛紛叫好。

康傑緊張地對使者說：「你們這樣就要出城決戰了嗎？不覺得看起來不到百人的軍隊有詐嗎？情之國軍隊應該沒有這麼少。」

「不要緊的，我們都看清楚了，就只有幾十人而已，請相信我們的居民。」

「但這件事很嚴重……」康傑還沒說完，就被使者打斷。

「這我也同意，但對我們的國家來說，越是重要的事，越需要親見的力量！」

康傑不再爭辯，他迅速收拾行李，從後門溜走。親見之國的將領帶兵出城後中了埋伏全軍覆沒，親見之國成為第二個被情之國滅掉的國家。

邏輯祕典11A—判斷一個句子真假最簡單的方法是「親見」，就是用我們的知覺去確認。若有個孩子說：「隔壁房間玩具已經收好了。」去隔壁一看便知。近代以來自然科學的成功已經證明了「觀察」與「實驗」才能幫人們得到可靠的知識。科學觀察還代表了用工具進行的探測，實驗則是限定條件的，可以重複操作，而且是更精密的觀察。

邏輯祕典11B—有關於「宗教信仰」或「夢想」的事情，常常是無法直接觀察的。對這類事情抱小心謹慎的態度也許不錯，因為這些是很重要的事，但如果只因為無法觀察而全盤否定掉，就有點太過分了。信仰或夢想會在人類心中產生長久的影響，帶給人希望，這些不該因為不能直接觀察而被完全否定掉的。

邏輯祕典11C—判斷對錯時只考慮親見的資訊或報導，不考慮任何相關的事證或物證，也是非常荒謬的。這樣的思考方式不只不是理性的，反而是非常不理性，很容易被蒙蔽的。親見不是錯誤，但也不代表絕對正確，一切真假的判斷都不該偏食，從整體上深思熟慮才符合理性。

勇者挑戰

1. **本課故事中所謂「親見」的意思是？**

A. 用我們的推理思考去確認

B. 用我們的知覺去親自確認

C. 讓你的父母親看一看

D. 保持懷疑，不做任何確認

2. **親見之國不允許宗教的原因是？**

A. 他們全都是無神論者

B. 他們認為宗教對人類有很大的害處

C. 他們認為看不見的神與他們的文化相衝突

D. 他們覺得自己非常進步，不需要宗教

3. **親見之國如何對未來的事進行決策？**

A. 他們完全不關心

B. 他們理性分析規劃

C. 他們用時光機去偷看未來

D. 他們用想像力説假裝親眼看見的故事

4. **邏輯祕典中提到近代以來自然科學的成功主要依靠哪一種力量？**

A. 國家與人民的力量

B. 自然與超自然的力量

C. 道德與信仰的力量

D. 觀察與實驗的力量

十二、矮人兄弟

康傑在路上遇見了一對矮人兄弟。矮人是一個特別的種族，來自遙遠的南方，身高大約是正常人的四分之三，四肢與身體的肌肉都比人類更結實，所以體重也跟正常人類差不了多少。矮人不只外表強壯，個性也往往堅毅不屈，是絕佳的戰士。

除了是優秀的戰士，矮人精於礦業與鍛造，他們鑄作鋼鐵的技術爐火純青，打造的武器跟盔甲都是極品（雖然比不上樹枝）。眼前這對兄弟也不例外，康傑看上了他們設計的一把短劍，短劍劍鞘可以直接注入毒藥。

康傑對他們比出六的手勢。

哥哥笑了一下：「你很識貨，這價錢對得起它的品質。」

「所以你應該給我一點折扣。」康傑欲擒故縱。

「那是不行的，這樣會對不起精心煉造出來的東西。」矮人沒上當。

弟弟在旁邊一直盯著康傑，突然問康傑：「我是不是在哪見過你啊？」

哥哥怒斥弟弟說：「談價錢你別插嘴！不好意思，就是沒有折扣。」

康傑眼見尷尬氣氛，只好乾脆付錢。

買賣成交，矮人又補上一批新貨，康傑繼續揀貨。

哥哥很有自信地說：「看看我們兩個，就知道矮人有多會打鐵。所有的矮人都是打鐵高手。」

弟弟眉頭一皺：「哥，你這樣說就不對了。」

「怎麼不對，我以為你會完全同意我呢！」

「你的推理不對，你從『我們兩個人會打鐵』推理出『所有矮人都會打鐵』。這是不一定的，也許有些矮人不是這樣。」弟弟脫下戴著的手套。

「你還真吹毛求疵，那我修正，從我們兩個這麼會打鐵，可以推理出『大部分矮人都會打鐵』這可正確了吧？」

「我覺得還是不對，雖然更保險，推理本身依然不對。因為光從我們兩個的例子，也不能確定『大部分矮人』如何。除非世界上只剩三個矮人，我們兩人就表示大部分矮人。」

「這細節你也要計較？那你說一個正確的推理啊！」哥哥終於受不了了。「這很容易，只要改變推理的方向就好。從『大部分的矮人都會打鐵』，可以推理出『我們兩個都很會打鐵』。」

哥哥噗哧一笑：「哈哈！我以為你多會推理，其實你也不擅長。從『大部分的矮人都會打鐵』，也推理不出『我們兩個都很會打鐵』。」

「為什麼？我們兩個不是矮人嗎？」弟弟很困惑。

哥哥接著說：「不是這個問題，假定我們兩個是黑鐵家族七代那兩兄弟，他們兩個既沒有才能，又不好學，在打鐵上一事無成，你的推理就不對了。」

弟弟有點不悅：「我的推理怎麼就不對？我說的是我們兩個，又不是黑鐵家族七代兄弟，所以當然是對的。」

哥哥聲音變大：「你這樣說，那我也可以說既然大部分矮人都會打鐵，那我之前的推理也是對的啊！怎麼到了你這邊就不行了呢？」

他們倆爭論起來，誰也不讓誰。康傑覺得有趣，但也很吵，矮人的聲音其實滿宏亮的。

哥哥想到旁邊還有康傑：「康傑先生，你來給我們評評理吧，我們誰也說服不了誰。」

康傑看他們吵成這樣，覺得他們也許不會聽自己的話：「喔?真要我評理嗎?你們兩個會信服我嗎?」

「你看起來是個理智的人，況且我們僵持下去，一定會感情不好的。」

「好吧，我希望你們和好，所以願意盡一點力。但我認為，就像你們的武器品質一樣，我的智慧品質也該受重視，所以如果我主持公道說服了你們，你們要給我一點折扣。」康傑再度殺價。他比了個手勢，兄弟兩人對看了一眼，點了點頭。

弟弟：「請你開始說明吧!重點是我們兩個都要服氣。」

康傑為了折扣躍躍欲試：「我只能盡力。我要說，在剛剛的推理中，你們倆其實都沒有錯，卻一團混亂。」

哥哥很疑問：「都沒有錯？那哪裡混亂？」

康傑開始舉例：「首先是，你們混淆了『推理的正確』跟『結論的正確』。假定羅寧是人類，我們從此推出羅寧很善良，你們覺得這是正確的推理嗎？」

弟弟想起之前被人類欺騙的往事：「我是不知道羅寧善不善良，但這推理完全錯誤，人類實在算不上善良的種族。」

康傑不置可否地笑了一下：「你說得沒錯。推理的出發點叫『前提』，前提通常是個句子，『羅寧是人類』就是當前提的句子。推理的終點是『結論』。剛剛的結論是『羅寧很善良』，這也是個句子。推理的力量取決於前提與結論兩個句子的『關聯性』，如果關聯性強，推理也更正確，反之，就是不好的推理。」

邏輯祕典 12A

哥哥不明白康傑的舉例要做什麼：「所以呢？這跟我們剛剛的討論有什麼關係？」

康傑：「你們不斷在混淆結論的對錯與推理的對錯。結論是一句話，說的也是件事，自然有對錯，但不管羅寧事實上善良不善良，都不該從他是人類來推理，因為這關聯性很弱。同樣的，即使你們兩個都很會打鐵，或大部分矮人都很會打鐵，也不能說結論對的推理就一定對，推理對不對要看前提與結論的關聯性。」✎邏輯祕典12B

「所以我們倆的推理都是錯的？」弟弟摸了摸自己的鬍子。

「你們對推理的看法是錯的，但推理本身都是對的。推理對錯取決於前提與結論的關聯性，雖然無法百分之百確定，但你們舉的例子中前提與結論的確有關。哥哥從你們兩個會打鐵，推理出大部分矮人都會打鐵。這是從例子中尋找大部分人都適用的道理，是很有意義的推理。」

哥哥為康傑的說明畫了重點：「尋找道理的推理？」

「沒錯。我們知道哪些植物能吃，哪些動物危險，明天太陽依然會升起，都是從有限的例子中推想出某個道理。雖然找道理可能出錯，但這不代表這就是不正確的推理。」✎邏輯祕典12C

弟弟好奇問：「那我說的呢？」

「弟弟從大部分矮人都會打鐵，推理出你們兩個會打鐵。這是對道理的應用。我們把發現到的道理應用在實際的事物上，這種推理感覺比較保險，雖然偶爾也可能會出錯，但一樣有意義。」

「所以是應用道理的推理？」弟弟想確認自己想的對不對。邏輯祕典12D

「是的。這兩種推理講哪一個正確其實沒什麼意思，兩者都很重要，都是人自然推理能力的一部分。如果人只會得出道理，不曾應用，那人其實是很可悲的。如果人只會應用道理，卻無法發現任何的道理，也好不到哪裡去。這兩種推理根本就沒什麼好比的。」

「就好像我們兄弟沒什麼好吵一樣！」

「對，我們合作比競爭更重要。」矮人的個性很樂天，脾氣來得快去得也快，剛剛的爭執就像沒發生過一樣。

「兩位滿意我提供的一點淺見嗎？」康傑看兩人似乎很開心。

「康傑你說得太好了，能夠把我們的產品賣給像你這樣有智慧的人。也是我們的榮幸。所以，我們會再給你多一點折扣。」哥哥給出了加碼。

「真是太好了！」

康傑走後，矮人弟弟突然跳了起來。大叫：「哥哥，我們在情之國見過康傑。可是在哪裡呢？」

「我也忘了在哪裡，好像是個重要的地方？」哥哥聽弟弟一說，也覺得有這麼一回事。

「想不起來，沒辦法。」弟弟雙手一攤，不再追究。

邏輯祕典 12A　邏輯認為基礎的「推理」是語句與語句之間的關聯，推理的出發點叫「前提」。推理的終點是「結論」，前提與結論都是句子。推理的力量取決於前提與結論的「關聯性」，如果兩者關聯性很強，推理也更正確，反之，就是不太好的推理。

邏輯祕典12B — 推理的對錯跟結論本身的對錯不該混為一談，有時即使結論是對的，但前提與結論之間的關聯性很弱，推理依然是錯的。同樣，有的時候即使結論是錯的，但前提與結論之間的關聯性很強，推理本身依然是對的，只是前提是錯的。

邏輯祕典12C — 「歸納法」是從個別觀察推找出普遍定律的推理。英國哲學家培根是提倡歸納法有名的哲學家，他認為思辨論學無用，知識該要有效用，必須歸納出自然運作的法則，法則必須從實驗與觀察中歸納。

邏輯祕典12D — 「演繹法」與歸納法方向剛好相反，它從規律推出個別的例子，例如從「所有人都會死」推出「你我也都會死」。演繹法像是對規律的應用，就是把相關規律羅列出來，依此推測或預測的推理。

勇者挑戰

1. **邏輯認為最基礎的「推理」是何者之間的關聯？**

A. 句子與句子之間的關聯

B. 語詞與語詞之間的關聯

C. 語詞與語句之間的關聯

D. 語詞與文章之間的關聯

2. **關於「前提」與「結論」的論述何者正確？**

A. 推理的出發點叫「結論」，推理的終點是「前提」

B. 推理的出發點與終點都叫「結論」

C. 推理的出發點叫「前提」，推理的終點是「結論」

D. 推理的出發點與終點都叫「前提」

3. **推理的對錯取決於？**

A. 結論是對的就是正確的推理

B. 前提與結論之間的關聯性很弱，就是正確的推理

C. 前提與結論之間的關聯性很強，就是正確的推理

D. 前提是對的就是正確的推理

4. **「歸納法」是從個別觀察推找出普遍定律的推理，請問以下何者是歸納法？**

A. 從我們這個月只能吃泡麵推理出今天只能吃泡麵

B. 從我們上個月都吃泡麵推理出上個月月底吃泡麵

C. 從我們上個月吃泡麵推理出行星的軌道是橢圓形的

D. 從許多人服用薑汁後能減輕感冒，推理出所有人用薑汁都能減輕感冒

十三、道理之國

康傑遇見了一個約八九歲的孩童。孩童一見到康傑就劈頭問他：「你是旅行者嗎？」

康傑覺得奇怪，但還是回應他：「是的。」孩童邊跑走邊喊：「爸爸！有旅行者。」

康傑不久後抵達了一個小國：道理之國。這是個類似於小鎮的國家，沒有巨大城牆，只有矮矮的籬笆，蒼翠的綠樹，冒著炊煙的人家。

沒想到國裡的人居然跑出來迎接，老老少少簇擁在路口，引頸張望。

康傑朗聲道：「各位，本地不歡迎旅行者嗎？我可以立刻改道。」

「不！我們歡迎！」居民們異口同聲道。

大嗓門中年男子往前一站成了代表，他說：「您好，我是旅店老闆，本國竭誠歡迎您。只是我們對旅行者十分好奇，有許多問題，想問您想先休息還是願意直接回答問題？」

連走了幾天，康傑實在沒力氣回答問題了，所以說：「我想先休息。」

老闆轉身對所有人說：「那就請各位明天再來了！」約好時間後人群散去，老闆帶康傑前往旅店。

「讓您受驚了，我們絕無惡意，我願意免費招待食宿，差不多兩年沒見到旅行者了。」老闆回想了一下。

「剛剛說要回答問題，應該不會是什麼刁難人的問題吧？」康傑擔心地問，他可沒有當百科全書的自信。

「不是，只是有關於您的資訊，用來滿足人們小小的好奇心。」老闆再三強調讓康傑放心。

隔天中午，居民們齊聚在旅店門口，等著問問題。

「我知道大家有很多問題，我們依年紀順序發問好了。」老闆是主持者。

一名白髮蒼蒼的長者問：「我想問你是不是從情之國來的？」

「不是，我不是情之國人，也沒去過情之國。」

「什麼？」長者露出失望的表情：「竟然不對！」康傑無法理解這樣的反應。

中年的女性村民問：「你是不是很善於用劍？」

「為了旅行我當然會用劍，但劍技馬馬虎虎，所以答案是『不是』。」康傑誠實以對。

「什麼？」那人露出失望表情：「怎麼會這樣？」

其他人也都發出嘆息。（怎麼了？到底怎麼了？）康傑開始心有不安。

一個小男孩舉手：「換我問了！你是不是喜歡吃豬肉？」

「不喜歡，我很少吃肉。」康傑比較喜歡吃爽口的蔬菜，肉品只是為了補充必要營養才吃。

所有人發出更失望的嘆息。

「完了！完了！三個道理都被打破了。」

「不然再問清楚點，歸納出新道理。」

「還歸納些什麼？道理都是錯的。」

村民紛紛搖頭嘆息，沮喪無助的樣子。

康傑只好問老闆：「現在到底是怎麼了？」

老闆：「說來話長，本國的祖先喜歡觀察自然變化，認為自然世界充滿了可預測的法則，提出了一種思考方法，叫『歸納法』。」

「歸納法是什麼意思？」康傑從沒聽過。

「是的。歸納法就是從過去某些人事物是怎樣，推出未來也會這樣的道理。祖先們用歸納找出了自然運作的道理，造福了許多人。村莊每戶都有蔬菜跟肉吃，都多虧了祖先留下的採獵守則。所以將國家取名為『道理之國』。」✎邏輯祕典13A

「確實是了不起的智慧。」康傑點點頭稱讚。

「村民習慣對各種人事物進行歸納，尋找道理，但因為長久和平，興趣開始轉向少見的旅行者。村民對旅行者十分好奇，喜歡歸納關於旅行者的道理。」

康傑想了想：「我懂了。之前的旅行者，既從情之國來，又善於使劍，還喜歡吃豬肉，對嗎？」

「是的。」老闆語氣十分沮喪。

「所以你們知道不一定如此了。這不是很好嗎？」

「可是有許多人開始懷疑歸納法本身了，如果有時候不是這樣，這不是代表歸納法本身是錯的嗎？」

康傑細問了一下，發現居民們對旅行者歸納的案例不但只有三個人，還是同一支隊伍的人。面對這毫無道理的哀鴻遍野，康傑高聲請大家注意聽他的話：「各位，我也是喜好研究自然的人，我很佩服各位祖先的智慧，歸納法能幫我們發現道理，預測未來，改善生活。」

康傑說完這句話後，舉起手來，瞄準遠方的一根柱子，按下機關，弩箭破空而去不偏不倚射中柱子。

「這就是用歸納出的道理設計出的機關。」

眾人發出驚嘆。在當時弩箭很少見，更何況發射機關這麼小卻又準確，技藝驚人。

「歸納法能獲得寶貴的知識，這是祖先留給你們的寶藏。你們卻用錯了方向。」

「用錯了方向？」一位村民覆述道。

康傑點點頭說：「錯誤有三。第一點，歸納的例子太少，即便旅行者不常出現，但重複三次就想得出個道理實在太輕率了。倘若有三十個旅行者如此，還有點道理，三個太少了。這不是歸納法的問題，而是使用得太輕率。」 邏輯祕典13B

群眾議論紛紛。

「第二點，歸納例子來自於同一個隊伍。如果三位先後來到的旅行者都來自於情之國，這種結論還可信些。可是既然三個人來自於同一支旅行隊伍，習慣相近就變得理所當然，不管是用武器的習慣還是飲食類似也都很合理。這是有偏差的資料，又是輕率的使用。」 邏輯祕典13C

群眾議論更加熱烈。

「第三點，對於自然界的變化，例如天體運行、工具設計、飲食健康，歸納法能找出實用的規律。但各位卻把歸納法用在更不規律的人類活動上。」

「更不規律？」村民對康傑的話備感疑惑。

「是的。人類活動受到思考、情緒甚至社會的影響，比自然現象更難以捉摸。在此運用歸納法要格外謹慎，不但要累積足夠的數量，資料不該有偏差，甚至要接受有例外的可能性。歸納法本身並沒有問題，改掉自己輕率歸納的習慣，才對得起各位祖先的智慧。」

村人們熱烈討論起來，康傑卻注意到遠處有個人背著他的行李往外走，他急忙擠開人群追了過去。

「站住！」康傑大喊。

那人轉過身，把行李扔在地上，二話不說抽出一把以樹枝做成的長刀。

「你是誰？」

「你不需要知道。」

刺客以快刀砍向康傑，康傑以短劍相接。只一瞬間，雙方都意識到對手是勇者。刀劍相擊了幾下，矮人的金屬短劍已經滿是缺口。

刺客說：「你拿這個殺不了我。」

康傑：「我同意。等我換把武器？」

刺客冷笑，他完全不給機會，刀刀致命。康傑在倉皇逃命之間，從腰袋裡拿出一個鐵球般的暗器，朝刺客飛擲，刺客刀一揮格開暗器。

「你也是勇者，以為暗器能傷到勇者？」

「說不定。」康傑把手按在腰帶上。

刺客緊盯康傑左手。康傑向前翻滾後再度擲出一個暗器，只是去勢更慢，驕傲的刺客再度用刀格開，但這次上了當。這次他擋開的是裹著棉絮的鐵球，棉絮沾滿細胡椒粉。撞擊讓細胡椒粉密布在空中。接觸後刺客忍不住打了個噴嚏，只是這一瞬間對勇者來說夠了，壓低身體的勇者一記橫砍在刺客大腿無盔甲保護之處。這劍似乎砍斷了刺客的動脈，頓時血流如注。

康傑冷冷地說：「你最好回答問題，劍上還有毒。」刺客沒回應便轉身飛奔，不過奔出不遠，就不支倒地。

「到底是誰要殺我？快說，我能救你。」康傑拿著解藥瓶對刺客說。

「問你自己吧！」刺客說完後毒發身亡，留下了滿腹疑問的康傑。

邏輯祕典13A — 歸納法是從個別觀察推找出普遍定律的推理，換個方向說，我們也可以說它是從過去某些人事物是怎樣，推出未來也會這樣的道理，歸納能發現道理。歸納法比你想像常見。喝飲料、吃糖跟吃冰淇淋都是吃「甜食」。我發現每次吃完這些東西，牙齒都會不太舒服。因此歸納出：「當我吃完甜食後，牙齒就會不舒服。」同樣的推理也可以發現「當媽媽心情不好時，懲罰就會特別嚴重」。英國哲學家培根是歸納法的擁護者，他認為歸納法能找出所有的自然規律，能預測未來，讓知識變成力量。歸納法像是一面能看見未來的鏡子，看見未來之後，我們就能知道怎麼利用它或改變它。

邏輯祕典13B — 歸納法是有程度可言的推理，歸納結果有「可靠性」的差異。可靠性取決於歸納例子的數量與代表性，從越多例子歸納出的規律或想法，可靠性越佳。

邏輯祕典13C — 歸納推理也必須顧及資料的代表性。舉個例子，如果我們要算出臺灣男性跑一百公尺的平均速度，找一千人來實測也許具有一定代表性了，但是若限定這一千位男性都是高中生，結果會比隨機抽取五百位的男性要更不可靠。

勇者挑戰

1. **故事中如何形容「歸納法」？**

A. 歸納法是從個別觀察推找出普遍定律的推理

B. 歸納法是從特別觀察推找出個別觀察的推理

C. 歸納法是從普遍定律推找出個別觀察的推理

D. 歸納法是從普遍定律推找出普遍定律的推理

2. **故事中的人們用歸納法的第一個問題是什麼？**

A. 沒有尊重彼此的意見

B. 歸納的例子太少

C. 推理的過程不夠嚴謹

D. 資料收集不夠全面

3. **故事中的人們用歸納法的第二個問題是什麼？**

A. 沒有尊重彼此的意見　B. 歸納的例子太少
C. 推理的過程不夠嚴謹　D. 資料收集不夠全面

4. **康傑最後如何期勉這個國家的人？**

A. 他勸他們放棄歸納法　B. 他勸他們改掉輕率歸納的習慣
C. 他勸他們永遠不要相信歸納法　D. 他勸他們永遠相信自己

十四、獨居的法師

今晚的天空沒有星光，夜空布滿厚實的烏雲，一聲雷鳴巨響，斗大雨滴如斷線珍珠般急速落下。

若不是天晚加上大雨，附近又投宿無門，康傑也不會前往這間莊園投宿。

這片莊園外觀看來破亂，格局規劃卻頗為完整。主建築的對面是農地，而且已經挖好灌溉渠道，莊園後小河邊有個捕魚用的石圈。再過去是一片荒廢的菜園，除了沒養牲畜之外，基本上能自給自足。

中央大房子裡有燈火，康傑走近大門，卻發現門口放著一大袋的乾糧與清水。

康傑用力地敲了敲門，大聲說：「您好——！」

無人回應。

「請問，有人在嗎？」康傑提高了音量。

還是無人回應。

康傑正打算非法闖入，耳邊卻好像隔空響起了一個聲音：「誰？」

「您好，我是旅行者，晚上趕路不方便，不知道您是否願意幫個忙，想在這借住一晚。」

門突然直接打開。

康傑一路往裡面走去，見到一個骨瘦如柴，斜坐在搖椅上的老人。

「我是康傑，感謝您的招待。」

「我沒辦法熱情招待你，我只能讓你在這兒睡一晚。」

「已經很感謝了。」

老人張嘴想說什麼，卻突然咳嗽了起來，越咳越用力，當場昏了過去。康傑趕忙上前探查，他直覺這是營養不良。

康傑尋思道：「所以門口的食物……」

接下來就是康傑的專業，他多待了一天，幫老人進食與補充水分，他發現老人手心也有一個數字，上面寫著「30」。老人終於恢復了意識。

康傑對老人說：「我另一個身分是醫生。」

老人：「居然被醫生救了。」

「是的。反正我也不急，而且這些是放在你家門口的食物。」

「食物？門口又有食物？真神奇！」老人的回答顯示已經不是第一次了。

「很明顯有人關心著你。會是誰呢？」

老人搖搖頭說：「我不知道，太難了，我想不起自己是誰，想不起來很多事，甚至連自己為什麼在這裡也想不起來。」

「我見過類似狀況。記憶通常不太可能一下子恢復。不過相比於過去，你應該先改善現在的生活。這裡方圓十里內一間村落也沒有，若要在這個莊園生活，可得自給自足。」康傑打開窗戶，青草香飄了進來，也聽得見小溪流水的聲音。

「我一個老人做不了多少事，不可能重建這座莊園。」老人斬釘截鐵道。

「你把問題想得太難了，這座莊園設計得十分完美，只要一步一步修復，很快就能正常的運作。」康傑鼓勵著老人。

「可是從內到外都得整修，怎麼可能簡單？」老人顯然有些動搖了。

「整體而言龐大而且困難，但看起來不太可能完成的事，只要拆分成幾個簡單的部分，就有機會一一完成。」

康傑向老人解釋整修計畫。首先是後院的菜園，修好路就能採收，順便修復捕魚的石圈。然後是修補房子漏水的地方，前方的農田必須整理完畢才有復耕的可能。

邏輯祕典 14A

老人：「工作的確很多，仔細看的確也有完工的可能。」

「是的，雖然不能免費幫你，但我想在這邊待一下下，換取合理的酬勞。」

「酬勞？」老人想著自己身無分文，康傑一定也看得出來。

「庭園裡有不少稀有的藥草，我想移一些到收藏裡，不能移株我就會直接製藥帶走。你是房子的主人，我想你也不至於不願意付。」

康傑開始了在此的短暫生活，老人整天在莊園工作，康傑只幫忙半天，但一切都很順利。第三天，老人在附近發現了一片墳墓。

「應該是我的親人吧？」康傑走到老人身邊，聽見老人這樣說。

「很合理。」

「總不能讓它在這邊荒著。」老人開始拔起周遭的野草。

老人開始整理墓地，也是一天完成一點。

第五天，老人與康傑在河邊遇見了三隻野狼。雖說兩個成人應該足以阻嚇三隻野狼，但這三隻飢餓的野狼好像管不了那麼多。

康傑正打算拿出十字弓，卻發現老人只是一伸手，三匹狼便一起飄浮在空中，還開始旋轉，康傑不知道怎麼一回事，野狼也不知道。老人又一揮手野狼們就被輕輕放下，只是一落地後轉身就逃。

「我能感受得到牠們的內心，只是餓了，而且害怕。」

「讓牠們飄浮起來是你的能力嗎？」

老人看著自己的手說：「我不知道，我真的不知道。」

第六天兩人邊吃晚餐邊聊著天。

老人開心地說：「你是對的，困難的事只要分成部分，就能慢慢解決。我這幾天工作都有一種踏實的感覺！」

「很好。」康傑注意到屋外傳來馬蹄聲。

「也能證明自己老而不廢。哈哈哈！」老人講到此笑了起來，卻突然一口氣喘不過來，咳了起來。

「你先休息一下。我出去看一株晚上開的花。」

邏輯祕典14B

康傑躲在暗處觀察，果然，有個人在前門放下一包乾糧，偷偷往屋內張望。不久那人打算回去騎自己的馬，卻被黑衣男子拿十字弓抵住了後心。

「手舉高，不准出聲。你一動我就放箭。」康傑的語氣像冰一般冷漠。

「好！好！我配合。」男子舉起手來。康傑把他的手與頸套上繩索，完全制伏了他。

「我是他請來的醫生，你是他的什麼人？」

男子看了一眼康傑，回道：「過去的部屬。」

「他是什麼特殊的人？」

「他是我國的大法師，曾領導我們起義，我們都很敬重他。」

康傑解開了繩索，繼續問：「為什麼他一個人住在這裡？」

男子：「大法師是我們國家的英雄，沒有他，就沒有現在的國家。他花了一輩子的時間帶領我們從小團體開始積蓄實力，最後起來推翻暴政，建立國家。面對幾乎是不可能的願景，他鋼鐵的意志力不斷鼓勵我們渡過難關，最後終於成功。」

「所以這裡是他的家是嗎？」

「是的，不過他的家人都在抵抗過程中犧牲了。」男子望向遠方。

「後來呢？」

「大法師交出了權力，說他已經累了，想退休隱居。」

「恐怕是因為他生病了吧？」康傑想起老人說過的話。

男子嘆了一口氣：「是的，大法師得了一種會不斷忘記一切的病，他認為自己沒救了，不想成為負擔，因此回到了莊園來。」

「病已經發作了，完全想不起來以前的事。」康傑告訴男子狀況。

「那怎麼辦？這有藥可以治嗎？」男子著急地問。

「這不需要治，只要有活下去的希望，想不想得起都無所謂。倒是他還有其他的病，需要人長期照顧。」

「我可以來照顧他。事實上，我也沒辦法好好待在新國家。」他說完後頭低了下來。

「他現在完全不記得你是誰。你可以以任何新身分搬進莊園，這地方太大了一個人也顧不了。」✎邏輯祕典14C

「啊！」屋裡突然傳來老人的大叫，康傑與男子連忙奔進屋內。

老人見兩人進來，對兩人說：「我知道我該去哪裡，該做什麼了。」康傑感受到自己好像被一股強大的力量擋住，一步也前進不了，他看了一眼隔壁，那男子也一樣。

「你要做什麼？」康傑直接了當問。

「迎接我的命運。」老人看了一眼窗外，回頭說：「伊隆，你可以繼續住在這兒。醫生，謝謝你這幾天的照顧，但我得走了。勇者，也許有一天你會明白，我們將再相見。」

大法師就這樣消失了，康傑與伊隆在附近找了三天，一點線索也沒有。伊隆選擇留在莊園生活，康傑繼續旅行。

康傑看著自己手掌中的數字：「1」，確定這是單憑思考無法參透的祕密。

邏輯祕典14A——「分析」是把複雜問題分成更簡單的部分，再一一解決。難題讓人挫折苦惱，但若能透過分析化成簡單的部分，再慢慢解決，或許能轉化困境。笛卡兒將分析列為第二條思考規律：「我要將所遭遇的難題，盡可能分為許多小的部分，使我能順利解決這些難題。」舉個例子，評估學校的優劣是個複雜的問題，無法一眼即知。但這種優劣應該可以拆成一些更簡單的因子，例如：學校的硬體優劣、老師的表現、學生活動三個部分。這三部分也可以再繼續分析，透過分析我們增加了解決複雜的問題的可能，而不是直接放棄。

邏輯祕典14B——分析除了能幫人完成工作，也能讓人肯定自己，對自己更有信心。面對困難長期的考驗，成人常把工作分成幾個不同的「階段」，例如這本書的寫作也是分很多不同階段完成的。

邏輯祕典14C——分析也是「分工」的基礎。將問題拆分成幾個不同的部分，我們可以增加人手來解決問題。現代世界具有的巨大生產力，關鍵也來自於對生產過程的分工。在西方現代化過程中發現將生產流程切割為一個個階段，每個階段由專人負責，能快速累積技術，大幅提高產量，造就繁榮的現代社會。這就是工廠，也是現代生活的源頭。

勇者挑戰

1. **本故事的主題是？**

A. 分離　B. 分類　C. 分析　D. 透析

2. **以下對老人思考習慣的描述何者較為正確？**

A. 老人把人想的太壞，離開了社會

B. 老人把人生想的太苦，放棄了生命

C. 老人無法形成新的記憶，無法生活與學習

D. 老人把一切想的太難，放棄了努力

3. **以下對本故事中所提到的「分析」，何者為真？**

A. 分析是把簡單的問題變成複雜問題的方法

B. 分析是把複雜的問題拆解成簡單問題的方法

C. 分析是把複雜的問題拆解成複雜問題的方法

D. 分析是遇到太難就直接放棄的方法

4. **邏輯祕典中提到，現代世界之所以有如此巨量的生產力，關鍵也來自於？**

A. 對生產過程的分工

B. 對製造物質的分享

C. 對民主自由的追求

D. 對科學文化的提倡

十五、徘徊的靈魂

這是康傑第一次遇到鬼。

一走進這間破屋，康傑就發現了半透明的「她」在角落哭泣著，哭聲無助哀傷。康傑若無其事地坐了下來，拿出了麵包。

女鬼哭一哭之後忍不住轉過來問康傑：「你不怕鬼嗎？」

「我現在的狀況與其說是怕，倒不如說驚訝。我第一次知道鬼也會哭泣。」康傑好奇心強烈。

「是的，鬼也會哭泣。但許多人看到鬼就會嚇得跑走。」女鬼臉色不太好，能看出眼睛已經哭腫。

「妳看起來比我更無助。而且如果妳存在，這代表妳就算殺死我，我也能繼續存在。」康傑吞了口麵包說。

「真是理智。」女鬼嘆了一口氣：「要是我也能像你一樣理智就好了，煩惱就會消失了。」

「妳的煩惱理智能夠解決嗎？」

「這位先生，請聽聽我的煩惱吧！」女鬼也不等康傑答應，就換了一個說故事的語氣：「我打從小開始，就不善於做決定。」

「哪種決定？」故事已經開始，康傑也不好喊停。

「行動好壞的決定。」女鬼慢慢地說。

「妳無法分辨好壞？」

「我並不是不能分辨好壞，說實在，對事物的好壞我有自己的意見。」女鬼嘆了一口氣：「但最困擾的就是每件事，每個選擇常有好的一面與不好的一面。這讓我十分困擾。」

「因為不同事物根本無法相比，讓人難以抉擇，是嗎？」康傑喝了口茶。

「您真是明眼人，這深深地困擾著我。我十歲那年，我的父親準備買一隻小羊或小驢子給我，他讓我選，可是羊跟驢子的好處根本不同。家人說我可以剪羊毛來織衣服，但驢子可以幫我載東西，我也能騎著牠出遊。」女鬼低著頭。

「兩者各有好處。」康傑贊同。

「我無法選擇，只好抽籤決定。結果是驢子，我揮別了小羊。可是從那天開始，我每天都活在後悔之中。」

「後悔什麼？妳可是有小驢子。」

「我知道，但我無法停止想著那隻沒有買到的小羊。我開始拒絕做任何選擇，特別是重要的選擇。」女鬼聲音哽咽。

「這樣下去只會傷害自己吧？」

「是的，但我不知道該怎麼辦。後來我有了愛的人，但家裡又幫我介紹了一個結婚對象。」

「典型結婚抉擇。」康傑點點頭，想起故事裡的情節。

「一邊是我愛的人，但生活不夠安穩。另一邊能提供給我安定的生活，卻非我所愛，這又是各有優缺點的兩難。」

「所以妳做了什麼決定？」

「這次我選擇了尊重家裡的意思，卻也後悔。結局更無法預料。」斗大的淚珠滴落了下來。她繼續說：「婚後生活沒想像中的好，但也沒那麼壞。我為丈夫生了個孩子，孩子三歲時我丈夫的合夥人與他有了爭執。我丈夫躲了起來，合夥人綁架了孩子，要我丈夫換孩子的命。一邊是我的丈夫，一邊是我的孩子，要我選擇。」女鬼說出了最慘的故事。

「所以妳怎麼辦？」

「我離開家不做選擇，我的丈夫因此而被打死，孩子也被害死，丈夫家人對我的逃避不滿，報復性地殺死了我的父親。」女鬼又哭了起來。「害死一切人的我只好選擇死在這裡，作為最後的歸宿。」

「其實他們是被殺死的，不能說是被妳害死的，但妳所以成為幽靈，跟這些事有關嗎？」

「我不知道，我醒來時就已經是幽靈了。除了繼續哭泣之外，沒有任何其他想法。你知道人為什麼會變成幽靈嗎？」女鬼幽幽地抬起頭看著康傑，康傑頓時寒毛直豎。

「我聽說人沒有學習到該學習的功課死後會變成幽靈。不過我也只是聽說，沒有證據。」

「那怎麼辦？我不想這樣繼續哭下去。」

「姑且信之的話，我們試著檢討一下。妳遇到的情況雖然困難，但還是可以理性選擇的。」康傑認真地回答。

「可是在這些情況中，事物的優缺點根本不同，要怎麼比較選擇？」

「優缺點不同是事實，比較的是妳對事物的『喜好』。不要太糾結於事實上的好壞，專心注意自己的喜好，不管是喜歡或不喜歡都可以給出一個順序或分數。把優點減掉缺點就可以當參考。」**邏輯祕典 15A**

「我一定要選分數最高的嗎？」女鬼歪著頭問，露出清秀的臉龐。

「其實不一定，妳可以選分數最高的，如果妳愛挑剔缺點，也可以選缺點最少的。重點是承認這些比較的不是事物，而是自己的喜好。」

「可是這些當中哪一個才能選出最好的結果呢？」

「這恐怕是妳最嚴重的誤解了。以上每一種選擇法，都無法保證最好的結果。選擇中的理性關心的不是最後的結果，而是過程。不管怎麼選都可能有難以預料的結果，結果好壞應該與當初選擇無關。」 **邏輯祕典15B**

「難道結果就沒有意義嗎？」

「結果對下次新的選擇有意義，妳應該把它應用在新的選擇中，而不是後悔責備過去的選擇。」 **邏輯祕典15C**

「那我究竟應該怎麼做呢?先拿我丈夫被綁架當例子。」女鬼開始變得冷靜。

「除了想辦法找人營救妳丈夫之外，妳必須決定這兩個人的順序。若逼不得已選其一，妳會選誰？」

「我想我會選我的孩子。」女鬼冷靜地說。

「好，妳可能會以救小孩為中心計劃，這就是妳個人的理性決定。再來看下一個決定。如果回到妳能抉擇結婚的那一天，如果真要逼妳排序，妳會把愛情還是生活放在先？」

「也許我還是會把生活放在先。雖然兩者都很重要，但生活影響的時間比較長。」女鬼越來越理性。

「是的，這又是妳的抉擇了。那回到一開始，妳的驢子跟小羊呢？」

「雖然對不起小羊，但我當初還是比較想選驢子的。」女鬼想起自己的小驢子，她們的確度過了一段快樂的時光。

「兩邊都捨不得就要去改變。妳不能等到面對選擇再來說兩個都不捨，如果真是這樣，就不該讓選擇出現。」

「你說得對，但是現在都已經來不及了。」女鬼有些沮喪。

「妳沒發現妳每次做出選擇時，周圍都亮了起來嗎？」

女鬼這時定睛一看，發現自己的周圍的確亮了起來，她半透明的身體，籠罩在一個由上往下照的光束中。

「難道我一直在等的，就是這個嗎？」女鬼的身體越來越透明了。「對不起先生，都還沒問您的名字？」

「康傑。」不過康傑話還沒說完，女鬼就已經消失在光束中。

第二天，康傑在睡夢中醒來，發現自己睡在門邊。

「所以，我一進門就睡著了。原來那是夢。」

不過不知為何，他這一覺睡得格外香甜。他收拾行李，繼續上路。或許因為走得匆忙，他沒注意到路邊有一朵花，花瓣散落排出類似字的形狀。

好像寫著：「康傑先生，謝謝您！」

邏輯祕典 15A 被選擇的事物常有好的一面與不好的一面。而且好的一面與不好的一面往往不同，讓人很難直接比較。所以我們乾脆大方地承認，真正拿來比較的並不是「事物」，而是我們對事物的「喜好」。

邏輯祕典 15B 理性選擇的「理性」指的並不是最後的「結果」，而是思考的過程。作為有限的人類，不管怎麼選都可能有難以預料的結果，所以一定要告訴自己不管實際結果的好壞如何，只要當初選擇過程是理性的，是周全的，就不該太過遺憾。

邏輯祕典15C——應該認真把某一次選擇的遺憾，好好運用在下一次的選擇中，而不是不斷後悔根本無法改變的過去。後悔既挽救不了過去，也幫不了未來。

勇者挑戰

1. 故事中提到，女鬼主要的困擾是？

A. 無法分辨事物的好壞
B. 無法推理事物的發展
C. 無法對好壞不同的事物進行選擇
D. 無法從結果反推原因

2. 康傑認為選擇的關鍵，是對什麼給出順序？

A. 自己對事物的喜好
B. 事物的原因
C. 事物的結果
D. 事物本身固定的好壞

3. 以下何者「不是」康傑對選擇後發展的結果抱持的看法？

A. 選擇後發展的結果不應該拿來批評當初的選擇

B. 選擇後發展的結果應該拿來檢討當初的選擇

C. 選擇後發展的結果可以作為下次選擇的參考

D. 理性該注意的是過程而不是結果

4. **如果遇到兩邊都難以選擇的狀況，康傑認為人應該要？**

A. 放棄選擇，放棄一切

B. 拒絕抉擇，另想辦法

C. 用擲硬幣決定

D. 參考神的意見

十六、有獎徵答

「來！來！來！答問題，拿獎金！」女子在康傑路過的城鎮市集上大喊著。

不少人轉過頭去，康傑也側耳傾聽。

「是的！只要答對題目就有獎金。不用報名費，任何人都可以嘗試！」

「我來試試！」一位鎮民道。

「請跟我來。」女子道。

女子領參加者進帳篷，一陣子後那人出來，許多人圍上去問他。

「失敗了，但我不能說題目。」鎮民沮喪地說。

「還有沒有哪位要來試一試？」女子在其後繼續大喊。

康傑再等了一下，又有兩人進去，出來後直喊太難了。

康傑也上前想試看看。

女子打量了康傑幾眼，問：「是旅行者嗎？」

「是的，請問有身分限制嗎？」康傑心想不行就算了。

女子笑著說：「沒有，只是好久沒見到旅行者了。這邊請。」

康傑進了帳篷，帳篷裡放著兩張空椅子，一張小茶几，茶几上擺著一個大沙漏。有個男子從後方走出來，體格健碩，臉上掛著僵硬的笑。男子直接坐在其中一張椅子上，康傑看他走路跟坐下的樣子，像個軍人。

康傑搶先發問：「請問您為什麼要辦這活動呢？」

男子笑容依舊僵硬：「我們商隊過幾天會在這裡開市，算聚集人氣吧！」

「請問一下答對問題的獎金有多少？」

「這位先生，您還真是好奇啊！」男子笑了一下並翹起腳來，拿出一份文件說：「保證讓你滿意。可是題目很難呢！」

男子開始翻著題目，女子告退了。

「當問完問題，請你同時把沙漏反過來，這是你的思考時間。」男子指了一下桌上的大沙漏。

「好的。」

「第一題。」男子：「富人家養了三隻貓，每隻貓每天能抓三隻老鼠，每隻老鼠每天能吃三束麥子，每束麥子包含了三株麥穗。請問富人家的貓一天能幫他省下多少株麥穗？」

康傑邊翻動沙漏邊說：「八十一株。」

男子：「正確！你是目前為止最快的人，不過不是只有你答對。」

「三乘三共四次，我常準備材料，所以對我來說這很容易。」

男子意味深長地看了他一眼，繼續問：「下一題，一個三公升跟一個五公升的水桶，兩個水桶形狀都是不均勻的，你可以任意加水跟把水倒掉，請問你要如何才能量出四公升的水？」

康傑只愣了一兩秒，又翻了沙漏：「的確能量出四公升的水。」

「你真的知道答案？」

「先裝滿五公升的水，將水倒入三公升的桶中，五公升的桶就會剩下兩公升，然後把三公升的水倒掉，將五公升中兩公升水倒入三公升桶，再將五公升桶裝滿後倒入三公升的一公升空間即可得到四公升的水。」

男子發現答案正確無誤，不由得讚嘆。

「這也不是唯一方法，也可以用三公升的水桶裝滿水後倒入五公升的水桶中，重複兩次三公升的水桶中就會剩下一公升的水，把五公升的水全部倒掉，把一公升的水加入五公升的水桶中，最後再把三公升的水桶加滿後加進五公升水桶中也得到四公升的水。」

「這些對於一般人蠻困難的問題，對你似乎很簡單。」男子沒想到康傑可以想出兩種方法。 **邏輯祕典 16A**

「運氣好罷了。」

「第三題不只要算，更需要智慧。兩位國王各有三匹上中下馬，同一階層的馬實力相去不遠，相比未必能贏，但高一階的馬必有贏低階馬的實力。比賽規定三戰兩勝。賽前有位國王的大臣宣稱，只要預先知道對方馬的出場順序就有必勝的把握，真有可能嗎？」

康傑聽完題目，呆了半晌，然後點點頭說：「是的，只要知道對方出場順序就能贏。」

「你知道了？為什麼？」男子很驚奇。

「這的確是充滿智慧的題目，我只是剛好想到。只要調整出場順序為：以上馬對對方的中馬，以中馬對對方的下馬，以下馬對對方的上馬，這就一定能勝兩場輸一場，贏得最後勝利。」 邏輯祕典16B

「完美的答案。」男子拍手稱讚。

「都是運氣。」

男子：「終於來到最後一題了，這題很花時間，可惜省下來的時間不能用。國王舉行鬥劍大會，有七十人參加。每場比賽都一定有一個人被淘汰。假定沒有人從比賽中退出，那麼到產生冠軍為止，總共需要比多少場？」

這題的麻煩點是在第一次比完之後，人數會變成單數三十五，計算加總很麻煩。

「這個嗎？也是個好題目啊！」康傑又邊說邊把沙漏翻轉過來。「從正面計算很複雜。不過，這個問題有另一個解法。答案是六十九次。」

「你真的如此肯定？」

「是的，從反面計算簡單許多。既然每場比賽淘汰一個，又沒有人退出，要選出冠軍就等於要淘汰六十九個人，所以是六十九次。對嗎？」康傑詢問。

邏輯祕典 16C

「對的，獎金是您的了。」男子站了起來，康傑注意他下意識地摸了一下配劍。「對了，我叫艾爾，這位先生，還沒請問您名字？」

「雷伊。」康傑隨口編了個假名。

艾爾微笑著說：「雷伊先生，得請你跟我去取一下獎金。」

「有這麼不方便嗎？」

「一大筆獎金，沒辦法隨便帶在身上。」艾爾攤了攤手。

「如果我拒絕的話呢？」

「你不會拒絕的。」他又摸了一下配劍，康傑看在眼裡。

艾爾領著康傑走出帳篷，往城郊方向走去，越走人越少，最後不見人煙。

「這裡真荒涼呢！艾爾先生。」

「是的，馬上到了。」艾爾不懷好意地笑著，他稍微回頭確認了一下位置。接著猛然轉身一劍往後砍，可惜這一劍落了空。

康傑已經往後退了一大步，藏在手臂上的十字弓同時開火，高速弩箭一瞬間沒入艾爾的肚子。艾爾因衝力與劇痛坐倒在地上，站不起身。

「艾爾先生。我想這也不是你的名字吧！」康傑邊說邊抽出了飛刀。

「當然了，我奉命取你性命。」

「你有什麼遺言，可以快說，箭上有劇毒。」

「好吧！至少讓你知道誰想殺你，我是……派來……」男子越說越小聲。

康傑冷冷地說：「艾爾先生，我不會過去聽的。我很清楚軍人到死都想完成任務。」

艾爾聽了這話之後，臉色轉成憤怒，他怒罵了一兩句之後，用盡力氣將手中的劍擲向康傑，然後臉朝下倒地，沒了氣息。

康傑過來搜了他的身，知道他是情之國的軍人，但沒有其他的訊息。

「我到底跟情之國有什麼過節呢？」

邏輯祕典16A——本課主題是「組合」。拼圖跟模型都是組合遊戲，遊戲者慢慢組合部分零件，嘗試拼湊出整體。相對於此，也有一些沒有特定目標的組合遊戲，例如樂高甚至Minecraft。組合遊戲可以訓練我們的思考：設定明確的目標，不斷重複嘗試，拋棄錯誤選項，直到正確或發現新事物為止。組合遊戲常被稱為「益智遊戲」，是因為在組合過程中人必須有序地組合事物，耐心剔除錯誤，確認目標是否完成，組合遊戲讓我們成了思考者，甚至是創造者。

邏輯祕典16B——當遊戲對手是人的時候，認真考慮的複雜度也會提高，但有時因為對手可以採取的選擇也有限，所以一樣可以被視為一套組合。這題就是要勇敢地假想對手的可能行動，給予可能的反制。不要覺得對手是人就放棄思考，勝過會思考的對手能為你帶來更大的進步。

邏輯祕典16C——相對於從正面考慮組合的可能性，有時倒過來想反而讓問題更容易。想想達成目標的前一個狀態是怎樣，一步步反推來找出答案。這種想法不只可以用在這個題目上，生活中會有更多類似的情況。

勇者挑戰

1. **本課主題是？**

A. 分析　B. 組合　C. 綜合　D. 懷疑

2. **以下何者「不屬於」組合遊戲的思考過程？**

A. 不斷重複嘗試　B. 拋棄掉錯誤選項

C. 設定明確的目標　D. 懷疑遊戲本身的規則

3. **邏輯祕典中提到「組合遊戲」類也常被稱為？**

A. 嗑金遊戲　B. 生存遊戲　C. 金錢遊戲　D. 益智遊戲

4. 你覺得以下何者比較適合作為本課的結論？

A. 人應該勇於組合嘗試　B. 人應該勇於懷疑

C. 人應該分析複雜的事物　D. 人應該服從權威

十七、學者

康傑在路上遇到了一位需要搭便車的學者。學者約四十多歲，穿著整齊斯文，說起話來客客氣氣，康傑特別喜歡這樣的人物。

「謝謝您載我一程。我是個窮學者，無以為報。」學者上車後開口說。

「太客氣了，能載到像您這樣的學者，才是我的榮幸。」康傑的確喜歡跟有學問的人說話。

「您是旅行者，想必見聞也很豐富吧？」

「走馬看花，沒有您的研究透徹。」康傑謙虛地說。

康傑故意把馬車速度放慢，兩人開始天南地北聊著。學者對歷史與風土人情了解透徹，康傑則對自然世界有豐富的知識，兩人交換了不少新知。

「我在認識到許多奇人奇物之後，反而更好奇自己是如何認識與思考事物的。」學者看向道路兩旁的樹林，若有所思。

「是的，這是個有趣的主題。」

「不過我越思考，越不得其解。」學者露出困惑的表情：「我不太清楚怎麼樣才算『知道某一個物』。」

「那是什麼意思？可以舉個例子嗎？」康傑對困惑充滿興趣。

「很容易，您知道什麼是『狼』嗎？」

「『狼』我知道。」康傑點點頭。

「那說說看您對狼的認識。」

康傑以謹慎的語氣說：「狼是體型瘦長，強壯有力的肉食性動物。狼群居，有嚴格的社會結構，以合作打獵為生。成狼有傾斜的背、腹部內縮，四肢長而強健。每隻前掌各有五趾，後掌有四趾。我還要繼續說嗎？」

學者驚訝地說：「已經夠了，您對狼的了解不算少。」

「您客氣了。」康傑只是喜歡觀察事物，這些知識是對一切好奇累積而成的。

「相比於您，一般農夫是否也知道『什麼是狼』？」

「一般農夫的話，當然也知道什麼是狼。他們一天到晚提防狼溜進他們的雞舍。」康傑想起約翰抱怨有隻狼把他家當成雞肉餐廳的往事。

「雖然您跟農夫都算知道『什麼是狼』，但你們所知不但相去甚遠，兩者間還可能衝突。例如農夫可能以為狼前後腳都是五個腳趾，但您很清楚狼的腳趾數目。因此我不懂到底要怎樣才算知道『什麼是狼』。」 邏輯祕典17A

「一定有些基礎的部分，是兩個人都知道的。」康傑覺得就算農夫不知道狼前後腳有幾根腳趾，他們還是不會認錯動物。

「但這基礎的部分是什麼？需要親眼見過狼嗎？人究竟要知道些什麼才算有了『狼的概念』？」

康傑認真思考，發現這些問題並不容易回答，欲言又止。

學者補充道：「另外，既然我們可以研究狼，得到更多關於狼的知識，這是不是代表我們永遠無法完整地了解什麼是狼？」 邏輯祕典17B

康傑深思後開始嘗試性回答：「我想，或許可以這樣解釋。」康傑邊思考，邊比手畫腳了起來。「每個人都有一張思考的地圖，事物的概念其實是這張地圖中的位置，認識一件東西就是把它收進已有的思考地圖中。有點像商隊進了一項新的貨品，會試圖把它歸在已有的貨品分類中。」

「有點抽象，可否舉個例子？」 ✎邏輯祕典 17C

「如果一個人從不知道什麼叫『狼』，而我想讓他了解狼的概念，首先我會把狼歸進某個『類』。例如，狼是一種『動物』。這也許還有點模糊，因為『動物』範圍太大，我會說狼是一種『食肉動物』，這是解釋『狼是什麼』的第一步。」

「聽來合理，那第二步呢？」學者點點頭。

「第二步是設法說明狼跟其他食肉動物有什麼『不一樣』。例如狼相對於熊、獅子、老虎體型較小，相對於狗體型要大些。除了體型之外，群體狩獵是明顯特性。總之，我需要說明狼在『食肉動物』中特別的地方。」康傑繼續比劃，試圖讓學者明白。

「您說得對，這些能幫助理解。」

「就是這兩個步驟，了解狼的概念就是把狼歸進適合的類，並指出牠在這類中的特點。如果一個人認為狼是吃草的生物，我不認為他知道什麼是狼。同樣的如果一個人認為狼跟熊沒有差別，我也不認為他知道什麼是狼。認識狼等於在思考地圖中為狼畫出一個適當的位置。」

邏輯祕典 17D

這次輪到學者進入了沉思，他思考了一下之後說：「很有道理。」

「正因如此，所以即便我們對狼的想法有點不同，只要講的是那個位置，談的就是『狼』，這就是狼初步的『定義』。位置就是基礎的定義，未來的研究改變的不是狼的概念，而是對狼的知識。」

康傑這個例子舉得不錯，學者反問釐清細節之後終於初步接受了這種解釋。

「可是有些人認為，一定要親眼見到才算有概念。」學者又想到了新問題。

「親眼看見很特別，不過這跟『有沒有概念』或『了不了解』關係不大。如果你看見了一隻從未見過的奇異生物，你對牠一無所知，跟另一位知道這個生物屬於哪一類，有什麼特點，只是剛好沒親眼見過的人，哪一個人算是有『這個生物』的概念呢？」康傑突然想起親見之國的人們。

「我想會是第二個。」學者想了一下。

「是的，『親見』並不代表『了解』。」

「可是我們還是會覺得，親眼見過是特別的。」學者想起某些見過的美景，若說這些算不上理解，總覺得怪怪的。

「親眼見過可以帶來熟悉感，讓你更不害怕，變得沉穩，這是它特別之處。但若論到『定義』或『了解』這類理性思考，就只是在思考地圖中找出正確位置安放。我們也透過這種定義更新自己的思考地圖。」

兩人談話至此，車子已經到了學者的目的地了。

「謝謝，載我到這裡就可以了。跟您談話真是讓我茅塞頓開。」

「大家相互學習罷了。那請你多保重！」康傑祝福學者。

邏輯祕典17A — 不同人對語言中名詞的認識可能有很大不同。「高麗菜」對小學生、便當店老闆或植物學家來說有完全不同的面貌，可是我們卻在「說著」同一類的東西，也不覺得這三類人

中有任何一類人不知道什麼是高麗菜，我們只會說這三類人對高麗菜的資訊量有很大的不同。

邏輯祕典17B— 對某一物最基礎的認識通常被叫做這物的「定義」。本課的主題就是「定義」，定義不等於完備的知識，而是用來回答東西「是什麼」或解釋這個東西的「概念」這類問題用的。對事物的定義是我們認識事物的第一步。

邏輯祕典17C— 要解釋一個東西「是什麼」有兩個關鍵：一是這個東西跟其他東西的相同點，一是這個東西跟同類東西的相異點。例如：

什麼是「歌手」？「歌手」是以唱歌為職業的**人**。

什麼是「圓規」？「圓規」是種**文具**，專門用來畫圓的。

粗體部分是解釋這東西屬於「哪一類」，我們在思考地圖中找個類把它歸進去。底線部分是指出這東西的「特點」，告訴你它在這類中特別的地方。

透過「歸類」與「特點」的合作，我們把事物安置在思考地圖中。給一個概念定義等於把這個概念放進思考地圖裡。

邏輯祕典17D— 看見或知覺到一個物不等於了解這物，它提供的主要是情緒上的安定。了解一物需要把這個物歸進人原有的思考地圖裡，給它適當的定義。

勇者挑戰

1. **本課討論的主題是？**

A. 推理的規則　B. 定義的概念　C. 直覺的重要　D. 懷疑的價值

2. **要解釋一個東西「是什麼」有哪兩個關鍵？**

A. 一是這個東西跟其他物的相同點，一是這個東西跟同類東西的相異點

B. 一是推理的原因，一是推理的結果

C. 一是這個東西表面上的樣子，一是這個東西實際上的樣子

D. 左半部跟右半部

3. **真正能讓我們建立起某一組概念的方法是？**

A. 把概念的定義放進思考地圖裡
B. 親眼親手檢查這個東西
C. 分析拆解這個東西的用處
D. 發現這個東西的價值

4. **以下何者你覺得是比較好的解釋？**

A. 科學家是研究自然科學的生物
B. 哲學家是追求智慧的人
C. 桌子是一種可以放東西的木頭
D. 火龍果是一種酸酸甜甜的物品

十八、差不多之國

康傑一早就載到了一個口頭禪是「差不多」的旅客。

「我們國家差不多就在這一帶，差不多在附近了。」

正中午太陽的灼熱感蔓延到兩人全身。

「我們已經在附近繞整個早上了。」康傑有些不耐煩地說。

「真的是差不多就在附近！看那邊的地平線，越過那個地平線差不多就是我們的國家了。」

康傑無語。

直至黃昏時才抵達這個叫「差不多之國」的地方。

守衛隨性地問了些問題，便說：「差不多夠了，進城吧！」

差不多之國一如其名，充滿了「差不多」，城內道路不是沒有鋪，是鋪得「差不多」。房子也多半是蓋得「差不多」。

康傑進城時正是黃昏市場開市的時間，許多人在街上熱鬧地買賣、殺價、聊天。康傑發現價格定得很模糊，每件都可以用「差不多」殺價。

「一百跟九十不是差不多嗎？」

「你昨天特價，昨天跟今天不是差不多嗎？」

「牛皮跟鹿皮不是差不多嗎？」

康傑在路邊買了個甜餅，咬了一口，居然是鹹的。

「老闆這份甜餅為什麼是鹹的？」康傑向老闆抗議。

「啊呀，我又放錯了。反正鹽跟糖也差不多，甜跟鹹也差不多。」

不過老闆把錢退給了康傑。**邏輯祕典** 18A

康傑最後到了旅店。

「這位客人，房錢是三個大銀幣。」

「有點貴，差不多一個可以嗎？」康傑也脫口出差不多。

「差太多了，先生。我覺得差不多的應該是兩大銀半。」康傑沒想到會聽到「差太多」，卻突然想到一個絕妙的殺價主意。

「可是，兩大銀半不是跟兩大銀差不多嗎？只差了一點點而已。」康傑裝做無辜。

「是的，這兩者的確是差不多。」旅店老闆點點頭，卻不知已經掉入康傑的陷阱。

「既然如此，兩大銀差不多也可以。」康傑又繼續說。

「似乎……可以這麼說。」老闆意識到好像不太對勁，但又說不上來。

「可是，兩大銀不是跟一大銀半差不多嗎？」

「對，這的確也是差不多。」老闆有種不好的預感。

「既然如此，一大銀半差不多也可以。」康傑開心地說。

旅店老闆隨著價錢變低，臉色愈來愈難看，最終康傑以半個大銀入住。

「這位客人，招待您真是讓人感到疲勞啊……」旅店老闆臉色僵硬地笑著。

康傑笑著說：「差不多、差不多！」 邏輯祕典 18B

康傑在旅店休息了一夜。隔日一大早就有使者前來邀請康傑面見國王。

國王焦急地問：「這位旅行者，我想請問您在旅行中是否見過差不多類似於醫生的職業。」

「有，我就是醫生。」康傑有點不懂「差不多類似於醫生」的意思。

「您就是醫生？太好了，我女兒有救了。上一次我找了個差不多類似於醫生的獸醫，結果根本不行啊！」康傑簡直不敢相信自己的右耳。

康傑問：「獸醫也算差不多嗎？」

國王笑著說：「差不多，差不多。」康傑真的不理解差不多的標準在哪裡。

國王領康傑來到了公主的房間。康傑診察了一下公主的病況，他認為公主的病很輕微，只是因病程的關係還沒有好。

「怎麼樣？醫生？我女兒有救嗎？我只有這一個寶貝女兒啊！」

「她病得很重。」康傑想利用機會給國王上一課。他說：「你得好好準備。」

康傑寫下了一張長長的藥單，藥單上有些根本不存在的藥材。康傑知道，依當地習慣，一定會用「差不多」的東西充數。他繼續給公主補充營養，希望她能恢復健康。

一天後藥準備好了，康傑餵公主喝藥，他趁人不注意時，加入準備好的安眠草藥餵給公主。

「怎麼回事？藥應該發揮作用了啊？難道準備藥的過程有問題？」康傑假裝驚訝。

國王責問準備藥的人，果然又是「差不多」惹的禍。

「公主沒救了。」康傑兩手一攤滿不在乎地說。

國王抱住康傑的右腳大哭：「醫生，你一定要救救我女兒啊！」

「這個國家一個值得信任的人也沒有，每個人都是『差不多』行事。」

「醫生，求求你，還有我啊！我是她唯一的父親，她是我唯一的女兒。我會放下差不多的態度，用盡心力救她！」

「你得親自準備藥，絕不能用差不多的態度，精準至極才會成功。」康傑像隱居深山的高人，用一種傳授密技的語氣告訴國王。

「好！好！好！我一定做到！」國王急忙答應。

康傑寫好藥單交給國王，國王非常謹慎，他親自買藥、處理、研磨、量製，每一個步驟都盡可能精準，全心做到最好。他克服了差不多的習慣，把自己從過去習慣中解放了出來。

「醫生，這是我全心全意為女兒製作的藥。」國王臉色憔悴，可見他花了不少心力。

「好的，她的生死就在你手上了。」康傑故弄玄虛地說。

康傑餵了公主藥後等了一下下，對國王說：「從她的臉色看起來，藥已經發揮了作用。」

「所以她沒事了？」國王再次確認。

「當然，休息一陣子就會完全回復健康。」

「醫生太感謝你了，是你救了她。」國王對康傑感激涕零。

「不，是你救了她。你明白嗎？差不多不會讓你得到真正的好處，卻很容易讓你失去最重要的東西。」

「我明白了。我們國家過去以為差不多可以節省力氣，讓我們更輕鬆，沒想到養成習慣之後反而變成問題的根源，得不償失。」**邏輯祕典 18C**

「差不多也不是很嚴重的罪惡，但在越關鍵要緊的事情上，就要力求精準。」康傑覺得這個國家雖然有點糊塗，卻還有希望。

差不多國王讓康傑選擇想要的禮物，康傑沒有選財寶，反而選擇了書、一桶據說具有驚人威力的粉末，還有一枚傳說中能讓人暫時隱形的戒指，但現在沒有作用。康傑還有一點點喜歡上用「差不多」殺價的惡作劇。

差不多之國的人們後來調整了自己的思考習慣，學會在要緊的事情上一絲不苟。這個國家後來曾被情之國攻擊，但抵抗住了攻擊，成為這塊區域少數獨立自存的國家。

邏輯祕典 18A 一 把任何句子加上「差不多」三個字都能讓新的句子「更容易對」，但也更模糊，

更隨便。「對」或「不對」不是人類話語唯一要注意的事情，說的清晰精準也很重要。

邏輯祕典18B——很多很多的「差不多」累積在一起，就會變成「差很多」。所以單一的差不多也許偶爾無大礙，但把差不多變成一種思考或行事的習慣，一而再再而三地重複，應該很容易招致差很多的結局。

邏輯祕典18C——差不多是「懶惰」的前身。也許原來是想省力的小習慣，但隨便的態度把事情搞砸了反而招致更多損失。

勇者挑戰

1. **這個國家最明顯的思考習慣是？**
A. 差不多　B. 差很多　C. 不允許錯誤　D. 過分忌妒

2. **康傑在住旅店的時候獲得了特別便宜的價錢，是因為？**
A. 他拔出刀子威脅　B. 他跪下裝可憐
C. 他連續使用差不多說服老闆降價　D. 他偷了隔壁人的錢

3. **差不多是哪一種惡習的前身？**
A. 貪吃　B. 驕傲　C. 懶惰　D. 忌妒

4. **康傑最後給國王的勸勉是？**
A. 在越關鍵的地方，就要越求精準　B. 在越不關鍵的地方，就要越求精準
C. 在越不關鍵的地方，就要越求不精準　D. 把差不多定成一種很嚴重的罪

十九、囉嗦之國

康傑聽到很多這個國家的壞話，說本地居民有多煩人之類，他還是決定親自走一趟。在過去的路上康傑看見了一個告示牌，牌上寫著：

在前面的轉角，為避免發生車禍，請您遵守以下原則：

一、過彎時請勿速度太快。

二、車上請勿載運水果，例如蘋果、梨子。

三、乘客最好不要是兩人。

四、通過的時間不該在下午一點至兩點間。

五、旅客衣服最好不要是藍色。

六、……

康傑心想除了第一條，其他根本沒什麼道理，反而模糊了關鍵的焦點。✎

邏輯祕典 19A

緊接著令他傻眼的，是入城申請的繁雜。康傑去過的城市大多是簡單申請後搜查安檢，但本地的入城申請卻有半本書那麼厚。提問充滿各種不必要的雜事，從他喜歡的食物到最愛的寵物都有。

「這……一定要全部填完嗎？」康傑面露難色。

「這是入城的手續，所以……」

「我想休息了。」康傑看看微暗的天色。他說：「這些項目都跟安全通關有關？」

「的確大多是無關。」

「如果無關，其實填什麼都無所謂，不是嗎？」

「是這樣沒錯，可是若沒有把這些填完的話，我沒有辦法往上交差。」衛兵緊張地說。

「說到重點了，如果我雇人來幫我填完申請，你覺得如何？」康傑不懷好意地說。

「那……是誰？」衛兵不明白康傑的意思。

康傑直接掏出兩個大銀幣，這是當時衛兵一個月的薪水。「要是有人幫我填完，就可以得到這兩個銀幣囉！」康傑邊說邊斜眼看著衛兵。

衛兵吞了吞口水，這十分令他心動。

康傑看衛兵還有些猶豫，做出一副要問路人的姿態。

「我可以！我可以！」衛兵急忙答應下來。

「合作愉快。」康傑笑著說。

現在他坐在旅店的餐廳裡，想吃頓好的來解除經歷的風霜。

「先生請問您想要點些什麼？」侍者問道。

「先來這個番茄蔬菜濃湯好了。快些，我餓了。」飢餓的康傑想先喝點湯墊墊胃。

「請問燉煮蔬菜中有什麼是您不吃的嗎？」

「沒有，謝謝。」康傑不太挑食，尤其是蔬菜。

「那請問需要胡椒粉嗎？」

「要。」有一點胡椒香會更開胃。

「那請問胡椒是直接灑在湯上還是放在小瓶裡送過來？」

「放小瓶裡。」康傑瞬間想起抱怨這個國家的話。

「請問湯的溫度是要熱一點還是涼一點？」

「熱一點。」

「請問需不需要上面放一點月桂葉？」

「可以。」康傑有點無力。

「請問……」

「都可以——！」康傑終於受不了，直接打斷侍者道：「剩下你決定就可以了。」

「我沒辦法決定，我是想問您對海鮮過敏嗎？」

「我點番茄蔬菜濃湯為什麼要問對海鮮是否過敏？」康傑扶著額頭問，開始明白那些抱怨不是偶然。

「例行性問題罷了。」侍者稀鬆平常地說。

「可以減少些這類問題嗎？我想快點吃飯。」

「好，那我減少一些，再十六題就可以了。」

「什麼？」康傑癱坐在椅子上，幾乎氣暈過去。

邏輯祕典19B

康傑這頓飯吃得不太開心。晚餐後他到城內的一個小小湖邊散步，今晚萬里無雲，月光與星光映射在湖上，就像一池璀璨的寶石。

有位美麗的少女也在湖濱散步，她眉頭微蹙地望著湖心中一頂載浮載沉的帽子，康傑馬上就明白。他用隨身的機關射出一條長長的鉤索，準確命中帽子後迅速拉回，不費一點力氣便拿了回來。

「謝謝你。」接過帽子的少女對康傑道。

「舉手之勞，不客氣。」康傑不以為意地說。不過要不是今夜星光燦爛，他可能「看」不清楚少女說什麼。

「我沒見過你，你是旅行者嗎？」少女有點好奇。

「是的，我是旅行者。」

「旅行者一定受不了我們的國家吧？我知道這裡外頭風評有多壞。」少女輕輕笑著，可以看出對於這些評價她有些無奈。

「百聞不如一見。」康傑苦笑著說：「不過你們的國家雖然煩人，卻不危險。」康傑跟少女聊起不疑之國與親見之國，少女大開眼界。

「想不到還有這麼多令人驚訝的國家。」少女對其他地方的習俗感到很驚奇。

「我在旅行之前也不知道。」

「你覺得我們國家有什麼地方需要改進呢？」

康傑斬釘截鐵地說：「很明顯，繁瑣、囉嗦。我認為除非必要，多餘的步驟都不該增加。」

「可是，難道不會有人注意到這些細節嗎？」

「那請他明說就好。在一切事上講求細節，會耗掉太多的精力，反而容易錯過真正的重點。」

「那什麼叫『真正的重點』呢？」少女反問。

「人類說話或行事常有個想要的結果，會影響結果的，通常就是人關心的重點。例如貨物的重量會影響運送的難度，但貨物的顏色不會，重量是送貨的重點，顏色則是賣的好不好的重點。當我為了填飽肚子進山裡找野菜，一株菜有沒有毒會造成完全不同的結果，有沒有毒就變成了重點，大小或長在哪個坡上不是。」

「所以人們的目的決定了重點，對嗎？」

「是的，這是最常見的重點。另外，在一堆因子中，如果有某個因子可以推出其他因子，但其他因子卻不一定能推出它，這也是重點。」

「這有點難以理解。」少女面露困惑。

「舉個例子，如果有個人來看醫生，說他最近精神不好、整天疲勞、沒有力氣而且晚上睡不著覺，妳會怎麼判斷呢？」

少女想了一想之後道：「我會猜前三個症狀是不是晚上睡不著覺的結果啊？」

「是的。前三項很常由睡不著覺引起，但是這三項本身卻不一定會推出睡不著覺。」

「那我懂了，所以睡不著覺是重點，只要治好這一點，其他三項應該會自動減輕！」✎邏輯祕典19C

「是的，發現重點是人思考很重要的特質，把注意力集中在關鍵點上，才能讓自己對世界有更深的理解，才能以簡馭繁。」

「你說的對極了，或許……」少女有點羞澀地問：「你旅行了這麼久，有沒有想過可以把自己的聰明與見識貢獻在某一個地方？」

「我只是一個平凡的旅行者，不可能有機會貢獻。」康傑閃過了少女的直球。

「是有機會的。就我所知這個城市的國王正在尋找他女兒的夫婿，將來會繼承這個國家。三天後，如果你參加的話，也許會很有機會……」少女邊說邊害羞地低下頭來。

「三天後嗎？我應該後天就會離開了。」再一次，完美地閃避。

「為什麼呢？」

「因為明天我就能完全了解這裡，除非必要，停留的時間也不該增加，不是嗎？」

少女竟無言以對。

邏輯祕典19A一人說話或行事常有其目的，所謂「重要」指的是對目的有影響力。例如貨車轉彎時的車速對安全送貨來說是個重點，太快就會翻，但載運貨物的顏色就沒有影響，這是個不太重要的細節。但若考慮到這批貨物能不能賣掉，貨物顏色就是重點，貨物過來的速度反而不重要。重點受目的結果而定，懂重點的人也懂目的。這個告示牌列出了太多與翻車無關的細節，實在「囉嗦」。

邏輯祕典19B一無止境囉嗦的提問是一件可怕而且耗神的事，糾纏於過多的細節，不但浪費時間，也會讓人沒有力氣去面對真正的重點。

邏輯祕典19C一如果一群因子之中有某些因子可以影響到所有其他的因子，通常這就是「重點」。例如如果小明作弊，他可能會被師長責備，甚至被同學瞧不起，但如果想改變後兩點與其要求老師同學，還不如要求小明反省後公開道歉，一次兩者都能影響。善用推理能力能幫人找出重點，重點能幫我們「以簡馭繁」。

勇者挑戰

1. **這個城市的名字是？**

A. 懷疑之國　B. 親見之國　C. 情之國　D. 囉嗦之國

2. **康傑如何回覆什麼叫「真正的重點」？**

A. 人類的說話或行事有個想達到的目的或結果，與結果無關的就是重點

B. 花最多錢的部分就是重點

C. 人類的說話或行事有個想達到的目的或結果，會造成結果差異的就是重點

D. 花最少錢的部分就是重點

3. **小明說他最近狀況不太好，你覺得以下哪一個是這個「不太好」的重點呢？**

A. 沒有認真學習　B. 考試都不會
C. 成績不好被老師碎念　D. 成績一落千丈

4. **康傑最後提到「發現重點」能幫助我們？**

A. 永遠懷疑　B. 以簡馭繁　C. 以繁馭簡　D. 早睡早起

二十、絕對正確之國

康傑又在路上撿到了一個迷路的少年，少年有明亮的眼睛，捲捲的紅色頭髮，帶點古銅色的皮膚，充滿活力。

「這個世界上，再也沒有比我們的城市更誠實跟正直的地方了。」少年對康傑說。

「在我們城裡要是誰說了假話，或說錯了，依法都得處死或自殺。」少年笑笑講出令人恐慌的話。

「處死或自殺？」康傑瞪大眼睛問。

「是的，我從小到大，打從分得清楚真假對錯以來，從沒說過不符事實的話。」少年挺起胸膛驕傲地說。

「還真是嚴格的規定。可是旅行者……應該不適用這條法律吧？」康傑有些緊張地問。

「不，這條法律只用於本地居民。」少年搖搖頭。

「太好了，不然我就不去了。我叫康傑。」康傑伸出手。

「我叫皮諾丘。」少年有點難過地說：「我的五個兄弟姐妹死得可惜，他們還沒有掌握到生存之道。」

「他們都因說錯話而死？」康傑全身起雞皮疙瘩。

「是的。這兒能長大的人不算多，但城主很看重這一點。人生不就是要做對的事，說真的話嗎？如果做了錯事，人生就失去意義了，這樣說沒錯吧？」

「對極了。」康傑尷尬地笑著，他很怕如果他說不對，皮諾丘就會當場自殺。

「太好了！」皮諾丘對他笑著說：「我又過了一關。」康傑心裡鬆了口氣。

對話間兩人已經來到城市入口。

康傑向守衛詢問：「我再問一次，若是我說錯或說謊話，不會被抓起來處決吧？」

「法律不適用於旅行者，你對我們而言只是過客，就像候鳥一樣。」

康傑心想被當候鳥還真不錯。

揮別了皮諾丘，旅行者尋找旅店。過程中他發現這是個破舊的城市，到處充滿故障待修的設施。

「旅店就往這條路到底，左轉有機會看到，右轉也有可能。」路人如是回覆。

「左轉或右轉都能看到？很大嗎？」

「總之就是這樣。」路人不耐地敷衍。

康傑瞬間懂了，或許路人一開始就知道旅店在哪邊，卻因害怕說錯的習慣，盡可能說幾乎不會錯的話。

康傑找到了旅店，老闆娘說：「你的住宿費是三銀幣，或其他價錢。」

「其他價錢？」

「如果你願意善意多給，我們很樂意收下。但如果我們沒有講清楚，我們很可能會因此而喪命。」老闆娘謹慎地說。

「是的，合理。」康傑覺得在這裡生活既辛苦又危險。

休息一夜後第二天早晨，不幸的事件發生了。當時兩名士兵正在一樓用餐，有位顧客去跟老闆娘討調味料。

「店裡的已經用完了。」這肯定是她這一生最後悔的話。

「有！我們店裡還有！」廚房裡傳來僕人的聲音，僕人興奮地拿出調味料，大家都目瞪口呆。

老闆娘自己先說：「我無意欺騙，是我一時弄錯，我選擇自殺，請帶我到登記處。」

一名士兵站起來說：「好，我帶妳過去。」

在座其他人想到不能再吃老闆娘煮的菜，哭了起來。康傑不喜歡這種場面，便離開了旅店。在外面恰好遇到了皮諾丘，皮諾丘剛好也沒事，便一起逛逛。

「我大概知道你說的在這裡說話的祕訣了。」康傑道：「那就是說話要盡可能地模糊，盡可能把所有情況都說進來，才不會因說錯而被處死。」

邏輯祕典 20A

他們邊走邊聊時，路邊有個人喊著：「明天天氣可能是晴天，可能是陰天，也可能下雨或下雪。」

康傑指著那人：「就像這人說的一樣，對嗎？」

「是的，這是在這裡活下來的辦法之一。」皮諾丘笑了一下，覺得康傑真是聰明。

「你們會分故意的說謊還有無心的錯言嗎？」

「當然會分，如果是明知還故意說錯，就可能連累家人，自殺算輕罪。」

邏輯祕典 20B

「就旅行者而言可真不習慣呢！」自殺居然是輕罪，康傑想不到更重的懲罰了。

「我們的國家由一群嚴格追求理性的人所建立，他們無法容忍任何不符事實的話。我們已經照這習慣生活很久了。」

「已經生活很久了，並不代表這是值得追求的生活，不是嗎？」

「先生，你說的這一點我實在無法判定。」皮諾丘覺得多跟康傑說話總有一天會死於非命。

「你很謹慎，皮諾丘。」康傑也不再隨意詢問皮諾丘。

兩人散步到了露天法院。當時正在審理一件麻煩的案子。正反兩方說詞的可信度非常接近。

「法官大人，得請您做最後的裁定了。」法庭助理道。

「這……」法官露出難看的臉色。「在我看來，這根本難以決斷。」

「可是現在必須宣判了。」

法官似乎深吸了一口氣說：「我宣布從這一刻起辭去法官職務。」

「什麼？」所有人都異口同聲地道。前法官脫去法袍，頭也不回地離開現場，留下繼續爭吵的原告與被告。

皮諾丘對康傑道：「另一個避免犯錯的方法是不斷言不判定。」

兩人行走間遇見了一個醫生在救病人。康傑也是醫生，便好奇地偷聽。

「依症狀看來，有兩種不同的可能。」醫生搖搖頭。

「請您一定要救救他。」家屬哭著說。

「這兩個我不論選哪一個都可能選錯，如果我選錯了，我必須自盡。」

「可是請您一定要救救他。」家屬看起來很難過。

「所以我兩種藥都下，這代表我沒有選錯的機會。真有問題，也代表兩種藥都來不及救了。這你們能接受嗎？」醫生道。

康傑仔細思考，發現兩種藥加在一起很可能會產生毒性。只是家屬已經點頭，醫生也給病人服用了，康傑也只能暗自祝福病人平安。

兩人繼續散步。康傑問：「城市到處充滿了待修的建築跟設施，也是因為不敢犯錯嗎？」

「對，工匠的確不敢修東西，怕自己弄錯。」

「如果你們遇到緊急卻又不可能兩邊都選的狀況，到底該怎麼辦？」康傑又忍不住問。

「我不知道。」皮諾丘謹慎回答。

「情之國軍隊要攻過來了！」有人邊跑邊喊著。

一名男人對他大喊：「別開玩笑，亂講的人要自盡的。」

其他人卻附和說：「他說的沒錯，軍隊已經在不遠處，已經派了使節過來，我們必須選擇迎戰或投降！」

貌似領導者的人大喊著：「我們到底該迎戰？還是該投降？誰能做出絕對正確的決定？」

眾人不斷爭論，但因為長久以來的思考習慣，沒有人敢做出決定。邏輯

祕典 20C

康傑對皮諾丘說：「你太年輕了，不值得遭遇這些。」他拿出一個長筒迅速湊近皮諾丘鼻子，一陣嗆鼻煙味瞬間讓皮諾丘暈了過去。

康傑帶著皮諾丘逃離了這個國家，一天後，絕對正確之國沒有採取任何行動，最後被敵軍攻陷了。康傑將快甦醒的皮諾丘置於森林泉水邊，繼續他孤獨

的旅程。

邏輯祕典20A——本課的主題是犯錯，不允許犯錯根本是荒謬的，可怕的，永遠無法進步的。

另外，用「或」這個詞很容易就能造出怎麼說都對的句子，例如：把一句話跟它的否定句用「或」連起來：「明天天氣是下雨或不下雨。」雖然這句話幾乎不會錯，但它提供給人的參考資訊幾乎也是零。如果被要求要說絕對正確的話，那最好只說一些不論什麼情況都對，毫無參考內容的空話。

邏輯祕典20B——「說錯」跟「故意說謊」當然不一樣，但除非在非常特殊的情況下，這兩者很可能都不一定算犯罪。

邏輯祕典20C——人生中難免遇到去做以前根本不知道是對還是錯的事。不願意面對錯誤，不從錯誤中修正，人不會進步。面對錯誤，從錯誤中學習，錯誤很可能會變成人生最好的導師。

勇者挑戰

1. **這個國家最大的特色是？**
   A.不容許偷懶　B.不容許正義　C.不容許錯誤　D.不容許正確

2. **皮諾丘認為在這個國家要能生存，説話的祕訣是什麼？**
   A.説話要盡可能地模糊　B.説話要盡可能地精確
   C.説話要盡可能地理性　D.説話要盡可能地用感情

3. **除了前一段的祕訣，皮諾丘還提到了另一種避免犯錯的方法是什麼？**
   A.理性思考　B.不做決定　C.分析綜合　D.反覆驗證

4. **這個國家最後滅亡的原因是？**

A. 不願面對可能的錯誤　B. 不願面對敵人

C. 不願意使用武力　D. 平常沒有準備好

二十一、是非鎮

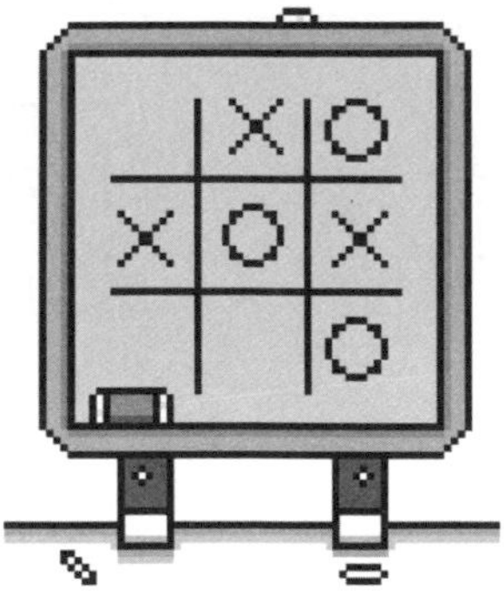

康傑來到了一個叫「是非鎮」的地方，經過一陣子的旅行，康傑對那些名字裡含有是非對錯的地名愈來愈有戒心。是非鎮的房子不多，屋子本體都漆上一種發亮的白色，這裡還沒蓋好城市的圍牆，不過還是有衛兵。

衛兵一見康傑，劈頭就問：「旅行者，我問你，你是個好人嗎？」

康傑心想：（好人？我不是壞人，但我是好人嗎？）康傑想起自己一路以來的言行，並不完全正義善良，不過他沒說出來。他的反應是：「是的，我是好人。」

「太好了，是非鎮歡迎你。」

康傑進了是非鎮，這裡近看比遠看又更小了，短短的街道，房子跟人都不是很多。不過令人意外的是立刻有一群街童衝出來圍著康傑。

「真的是旅行者耶。」

「旅行者，救救我。」

「旅行者，給我一點吃的吧！」

康傑聽不清每一句話，不過他知道在這突如其來的推擠之中，有手碰到他的錢袋。他大喝一聲，抽出一把短刀大喊：「不想要手掌的人，就繼續碰我的錢袋吧！」

整群街童立刻害怕四散，他覺得自己也許有點過頭，但至少沒有損失。

康傑找了間乾淨的旅店，把貴重物安置好，買了一袋食物，準備了一包零錢，上街招呼街童過來。剛開始街童們有點不太敢靠近，直到康傑半蹲著對他們喊：「只要不碰錢袋，這些就全是你們的。」街童們才慢慢放心。「謝謝您，旅行者先生。」街童邊接過食物邊感謝他。

「謝謝您，我一個就好。」一個比較大的男孩子說。

「謝謝您，我想幫弟弟多拿一個。」一個清秀的小女生對他說。

康傑發現這群孩子分食物跟零錢時很守規矩，不但公平而且會照顧弱者，一開始的錢袋事件也許是自己緊張過度，錯怪了他們。

康傑問這群孩童：「為什麼街頭會有這麼多孩子？」

領頭的大男孩回覆：「因為我們都是壞孩子。」

康傑心想：（真的嗎？壞孩子會這樣說嗎？）

一個小女孩舉手發問：「旅行者先生，你是不是從很遠的地方來到這兒？」

「我叫康傑，但我不是從很遠的地方來。」

「那你是附近來的嗎？哪裡？哪裡？」一名掛著大大笑容的小男孩馬上追問。

康傑來的地方也稱不上附近，所以說：「也不算附近。」

這個男孩用困惑的語氣問：「不是從遠方來的，也不是從附近來的，康傑先生莫非你在開玩笑？」邏輯祕典21A

所有孩子一起笑了起來。康傑順勢雙手一攤，做了個鬼臉。

「康傑先生，你在外面旅行，是不是很危險呢？」長髮女孩問。

這又是個三言兩語難說清的問題，康傑便說：「很難說呢！」

「很難說？什麼意思？康傑先生聽不懂我的問題嗎？」

「不是這個意思，旅行有危險，也有不危險的地方。」

「康傑先生你在說什麼？你是說不危險嗎？」

「不是這麼說。」康傑皺起眉頭。

「所以你的意思是很危險囉？」

孩子們開始交頭接耳地說：「外面好可怕啊！」

康傑終於懂了。這群孩子習慣用「二分法」看事情：事情若不是這樣，就是那樣，只有兩種可能。可是很多事情，像：遠不遠、危不危險、困不困難，甚至好不好跟壞不壞都是有程度的。一旦牽扯程度，他們就無法理解，要求二選一。

他又想起衛兵問的問題，恐怕當地的人都習慣了極端二分思考，孩子們只是有樣學樣。 **邏輯祕典** 21B

康傑突然話鋒一轉：「你們的父母都這在這裡嗎？」

「是的，他們都住這裡。」其中一個孩子說。

「你們被趕出來，是因為你們不是好孩子嗎？」康傑又問。

「是的，我們都不是好孩子。」孩子們多半低下頭。

「什麼叫做好孩子？」康傑好奇地問。

「就是永遠乖巧聽話。」

康傑這才發現原來整群街童也是二分法的犧牲品，他們只是因為不夠乖巧就被判為壞孩子。邏輯祕典 21C

「你們的父母，真的就任你們在這邊流浪，不再理你們了嗎？」

長髮女孩說：「他們說自己是明辨是非的人，也不想接我們回去。」

康傑詢問，居然有一半的人已經在街頭待了一年以上，看來真是被拋棄了。而且這群孩子看起來多半過瘦，可能當地人口也不多，剩餘的食物不夠。

「你們想一輩子留在這裡嗎？」康傑覺得孩子們繼續待在這裡太可憐了。

領頭的大男孩說：「我們想一起離開，可是擔心旅行很危險，一直不敢動。」

康傑心想這種思考習慣要根除也不容易，回答盡量簡單。

「旅行並不危險……」康傑正想說旅行細節時，緊急事件打斷了他。

「就是他，那個旅行者！」男子指著康傑，他身後跟著四個衛兵。他轉身對衛兵說：「聽說這個男人一路旅行，都跟情之國的侵略有關。」

「你到底是敵是友？」衛兵舉起武器質問康傑。

「我只是客旅，很快就會離開，既不是敵，也不是朋友。」康傑冷靜地說。

「你不是我們的朋友，那你是敵人囉？」衛兵把武器握得更緊，並向前一步。

「好，那你聽清楚了，我是你們的朋友。」康傑放棄爭辯，就順著衛兵的話說。

「好，那你馬車裡載的，都是給我們的禮物嗎？」衛兵問康傑，看來這是一種要求。

「不是。」康傑已經不想再跟這群人囉嗦了。他說：「如果要把馬車送給你們才是你們的朋友，那我不是。」

衛兵大叫：「你果然是敵人！快抓住他。」

兩名衛兵一左一右衝向康傑，勇者康傑以閃電般速度俯身掃腿，而且力道驚人，被掃中的兩人整個人直接摔翻在地上。在他們騰空這一小段時間內，康傑站起身搶奪兩人的長槍，而在兩人落地瞬間，以長槍直接刺穿衛兵的小腿，把兩人釘在地上。

「啊！」兩人痛苦地大叫，無法起身。

所有人目瞪口呆，街童們不敢睜開眼睛。

康傑厲聲道：「我說清楚了，我現在就要離開。如果想阻止我，重傷或死去自己選一個。」

三個大人一步步後退，然後轉身就跑。留下了康傑跟小孩們，還有站不起來的兩個衛兵。

康傑蹲下去對街童說：「明天一早帶大家到鎮區東邊大樹下集合，我保護你們離開。」

「康傑，你是我們的朋友吧？」看到康傑動起手來，孩子們有點過度驚嚇。

「對，我是你們的朋友。我只是他們的敵人。」康傑微笑。

康傑逃離了是非鎮，隔天依計畫帶走了所有的孩子，他帶他們返回到差不多之國，在那邊找到了願意接納孩子的大人，恢復了正常的生活。

邏輯祕典21A——一件東西買或不買，電路通電或沒通電，事情做了或沒做，這些問題通常期待的是「是」或「否」的答案。這叫「二分法」，二分法是人們認識世界重要的基礎，但某個地方遠不遠，東西貴不貴，食物夠不夠，天氣冷不冷，就是可以考慮「程度如何」的問題了。「二分」與「分程度」都是認識世界的一種方式。

邏輯祕典21B——本故事中的人思考就是停留在極端的二分法裡，邏輯把這叫「非黑即白」的謬誤。現實中許多事都有中間地帶，有中間地帶才符合現實，但有些人永遠只把極端值當作唯一的答案，像「不是朋友，就是敵人」或「不是敵人，就是朋友」這種莫名其妙的選擇，當然是一種對世界嚴重的扭曲。

邏輯祕典 21C 一 執著於用極端的二分法看事情、評估人，既無法教育小孩，也沒辦法好好理解自己的人生，請務必小心斟酌使用。

勇者挑戰

1. **康傑發現這個鎮上的人都用哪一種方式思考？**

A. 極端的二分法　B. 崇拜權威的方法

C. 對人不對事的方法　D. 極端的三分法

2. **跟二分法相反的是哪一種思考？**

A. 衡量程度多寡的思考　B. 衡量是非對錯的思考

C. 衡量道德倫理的思考　D. 懂得如何分派系的思考

3. **邏輯把這種停留在極端二分法的態度叫什麼樣的謬誤？**

A. 非黑即白的謬誤　B. 崇拜權威的謬誤

C. 過分懷疑的謬誤　D. 黑白不分的謬誤

4. 這個故事批評的思考習慣是？

A. 不懷疑的態度　B. 差不多的態度

C. 不容許錯誤　D. 極端的二分法

二十二、兩個小仙子

康傑在一個湖邊睡著了，露宿野外是很危險的，即便他有弄營火驅趕動物，但只要來的是人就沒用了，但這次他真的太累了。

不過他很幸運，這是一個愛和平的小仙子住的小湖。他睡了近十個小時，才在一對小仙子姐妹的對話聲中醒來。小仙子大概跟成人的手掌一樣大，背上有蝴蝶翅膀、能飛行，也能與人交談。事實上這片大陸上幾乎所有生物說的都是一樣的語言，好像設計好的一樣。

一個聲音高亢的女聲：「他是好人。」

一個聲音低沉的女聲：「妳怎麼知道，他是一個旅行者，旅行者通常都很壞！」

她們倆剛好都在康傑右側，所以聲音特別清楚。

「不見得吧！就算如此，我覺得他是好人。」高音仙子說。

「不能光用『覺得』吧？萬一妳眼前站了一個大光頭，一臉橫肉，目光兇惡的人，妳還要說他是好人嗎？」低音仙子反問。

「可是這個人又不是一個大光頭、一臉橫肉、目光兇惡的人，妳怎麼能說他不是好人呢？」

「可是就算他不是一個大光頭、一臉橫肉、目光兇惡的人，妳也不能確定他是好人啊？」

「那就算他是一個大光頭、一臉橫肉、目光兇惡的人，也不見得就是壞人。」

她們爭吵到連康傑睜開眼睛，坐了起來，都還沒發現。

「妳們的談話很有趣。」康傑突然插話，讓兩隻仙子嚇到尖叫，響徹夜晚的森林。

高亢聲音的仙子驚呼：「天啊！你會說話。」

康傑微笑：「當然，人類會說話不是很正常嗎？」

高音仙子：「妳看他說起話來不像壞人。」

低音仙子：「是沒有很像。」

康傑向小仙子們介紹了自己，小仙子們也說了些自己的事。她們是姐妹，住在小湖旁的大樹洞裡。

仙子姐姐用低沉的聲音問：「奇怪，我們到底是怎麼評價一個人的好跟壞呢？感覺好像跟那個人的特質有關，但又好像無關？好奇怪喔！」

「我有個想法，但不確定對不對。」康傑打了個呵欠。

仙子妹妹用高亢的聲音說：「我想聽聽看。」

仙子姐姐：「我也想。」

「好，我試著說說。判斷東西的好壞跟單純描述東西的樣子，感覺像兩種不同類型的事。當我說這把劍有九十公分長，我在描述關於這把劍的事實。論事實的話的對錯取決於描述是否符合這把劍。對嗎？」

仙子姐姐點點頭：「對，是這樣沒錯。」

「當說這是一把好劍，我是在描述這把劍的事實嗎？」

仙子妹妹揮著翅膀問：「難道不是嗎？你是說這把劍很好啊？」

「可是判斷好壞牽涉的不只是這把劍，還牽涉到『我』，同樣一把劍對我來說是好劍，對另外一個人可能不太好。如果手跟劍柄比起來太大或太小，就很難握好劍，絕不能說是『好劍』。」

「所以，你的意思是，評價跟這把劍本身無關？」仙子姐姐問。

「也不對，如果『好』是指劍柄對我來說適中，這還是跟劍有關，只是還加進了『我』。說一個東西『好』不是單純在描述跟自己無關的事實，『好』牽涉了我與那個東西的關係，對正常人來說一隻大狗不怎麼危險，但對一個小仙子來說就不同了。」

「對，狗很危險。」之前有名獵人帶著獵犬進森林，姐姐差點成為狗狗的點心。

康傑換了一個認真的語氣說：「『評價』是評價者因為他與物之間的關係，對這個東西抱持的『態度』。」 **邏輯祕典** 22A

「這是什麼意思？」兩個小仙子異口同聲地問。

「我們能認識世界上的事物，也會因為與事物的關係而抱持某些態度：覺得好、覺得不好、覺得可怕、覺得氣憤之類的。對嗎？」康傑邊說邊用手比劃。

仙子姐姐：「對！我們的確會這樣。」

「『態度』就是我們對這些事物的『評價』。說一個人是『好人』代表我對他抱著『正面』的態度，『壞人』則相反，表示對他抱持著警戒甚至敵對的態度，價值就是評價者的態度。『態度』既與東西也與說話者有關，取決於兩者的關係。還記得狗狗的例子嗎？」邏輯祕典22B

兩個小仙子點點頭。

「所以了，當我們說事物是如何如何的時候，我們在講關於物的事實，比如說狗有兩隻耳朵，事實可以完全與我們無關。但是當我們說事物好或不好的時候，我們在評價物，考慮自己跟物的關係，並決定對它抱持的態度，例如狗很危險。前者是事實，後者是評價。」

「好像真的有這兩種！」妹妹點點頭贊同康傑。

「事實是事實、評價是評價，對嗎？」姐姐看著自己的左右手，想像兩者的不同。

「評價牽涉到與我們自己的關係與態度，所以跟事實不一樣，對嗎？」妹妹也若有所思地說。

「妳們說的都對。」康傑繼續說：「評價很容易引起爭議，有兩個原因。第一，我們很在乎別人對事物的評價。」邏輯祕典22C

「是的，我常常會因為別人不喜歡我喜歡的東西而生氣。」姐姐說完後看著妹妹，她還是很在意妹妹認為魚乾不好吃。

「我是難過。」妹妹想起姐姐之前說起司很臭，讓她難過了一整天。

「那就對了。評價容易引起爭議的第二個原因就是妳們的差別，不同的人很容易對同一個事物抱不同的評價，食物常有人喜歡有人不喜歡。」邏輯祕典22D

兩個小仙子漸漸被康傑說服，接受了這種事實是事實，評價是評價的看法。

「康傑你的隱形戒指是沒有效果的，你知道嗎？」仙子妹妹突然飛到康傑旁邊。

「知道，但我不知道為什麼。」康傑拿出那枚隱形戒指。

「因為它的力量不夠，我這邊有塊小石頭，塞進戒指的凹槽裡可以給它能量，但只有五分鐘，這是個逃命用的東西，我希望你永遠不要用到它。」仙子姐姐拿出一塊金屬製的圓盤狀物，康傑很確定這不是石頭，它剛好可以塞進戒指下方。

康傑又在湖邊多留了一天，與小仙子們分享著旅行的趣事。然後依依不捨，又充滿希望地繼續旅程。

邏輯祕典 22A—人的語言可以描述事實，關心真假的問題。然而除了理智的考慮，有情感的人類會對事物抱持某一種「態度」：接受或厭惡、生氣或恐懼、興奮或傷心。這些態度通常就

是我們賦予事物價值的基礎。

邏輯祕典22B—有關「價值」的判斷不是單純描述與我們自身無關的事實，而是在說我們對與我們有關的事物的「態度」。我們因為與事物的關係而抱持了一些特定的態度，例如：「好的」、「不好的」、「好的」、「壞的」、「美」、「醜」、「有利的」、「有害的」、「應該的」、「不應該的」、「可笑的」、「可敬的」、「糟糕的」、「美好的」、「偉大的」、「渺小的」、「可恥的」……可以感受這些詞其實都跟我們自身的態度有關，這些詞，以及延伸下去的一整個家族，就是平常所說的價值領域。

邏輯祕典22C—我們的確很在乎別人對我們喜好的事物的評價。我們會組成同好會，也會對有相同興趣的人表示認同。

邏輯祕典22D—我們也的確很容易對相同事實抱持不同的態度，例如每個人有不同偏好的食物或音樂，這些牽涉了我們獨特的個人在其中。了解「價值」與「事實」的區別，了解價值與態度有關，提醒我們自己更理性看待這些事物。在這些論題上抱持正確的態度，雖然在一開始看起來沒什麼不同，但問題往往因正確的方向越來越有解決的可能。

勇者挑戰

1. **以下何者為描述「價值」的形容詞？**

A. 圓的　B. 壞的　C. 硬的　D. 黃的

2. **以下何者為「事實」的判斷？**

A. 臺灣位於太平洋的西側
B. 美國人過的比臺灣人好
C. 臺灣人過的比美國人好
D. 日本人的工作壓力不值得羨慕

3. **以下何者為「價值」的判斷？**

A. 臺灣位於太平洋的西側
B. 美國是溫帶國家
C. 俄羅斯的面積比烏克蘭大
D. 日本人的社會壓力很可怕

4. **以下何者為本課對「事實」與「價值」的結論？**

A. 了解價值與事實的區別，有助於看清楚世界

B. 價值是虛幻的，世界上真正重要的是事實

C. 事實是虛幻的，世界上真正重要的是價值

D. 了解價值與事實沒有任何分別，才是正確的

二十三、偏見之國

「歡迎你，旅行者，歡迎來到真理之國。」衛兵滿臉笑容，顯然這是無聊站崗生活中唯一的趣事。

「貴國歡迎旅行者嗎？」康傑邊張望城門口邊問。

「我們歡迎旅行者。當然，也不希望熱愛真理的生活被打攪。」衛兵簡單檢查之後便讓開，讓康傑輕鬆入城。

康傑入了城，不用任何人介紹，很快遇見了趣事。

有兩位戴著不同顏色眼鏡的人在爭論一塊白色路牌的顏色。

「這是塊藍色的牌子。」戴藍色眼鏡的男子大喊。

戴綠色眼鏡的男子回嗆：「這根本是綠色的，你有沒有長眼睛啊？」

「有長啊！在這裡！」戴著藍眼鏡的男子瞪大眼睛並用手指了指：「你是不是腦子壞了？藍綠不分？」

「不分綠藍？你才腦子有問題！」

他們倆一怒之下動手打了起來。康傑不想涉入這齣好笑的鬧劇，快步離開。

邏輯祕典 23A

才不久又遇到另一場爭吵。

看起來像老闆的人怒氣沖沖地說：「妳的孩子在市場偷我的東西！」

中年婦女拉著孩子到身後：「不可能，我的孩子在家是個乖孩子！」

「胡說八道，他不但在我店裡行竊還被警察逮個正著，我看妳根本在說謊吧？」老闆提高音量。

「不可能！你才說謊！你一定買通了警察！」婦女不甘示弱大聲回應。

圍觀者有人支持家長有人支持老闆，就是沒有人認為一個孩子在家乖巧，在外偷竊，不但是可能的，而且是真正需要面對的問題。

就算康傑的聽力再不好，也不難發現城市裡充滿大大小小的爭執。

「我就是直走而已，你幹嘛轉彎撞我。」

「我就是轉彎而已，你幹嘛直走撞我。」

每個人都堅持自己是對的，錯的是別人。這裡的人不但無法意識到自己的偏見，還沉迷於以偏見相互指責。

「你被人洗腦了吧！才會這樣想！」

「你這樣講是不是想要帶風向？」

「你就是有病才會這樣想！」

康傑覺得聽他們說話好像聽一群魔鬼在彼此精神虐待一樣。

來到市政廣場，有人正在演講，他指著某個人說：「所有我的敵人都批評我，你也批評我，所以你是我的敵人。」邏輯祕典23B

他大聲問：「是不是？是不是？」旁邊的人都點頭拍手稱是。

「這有位旅行者，我們來問他是不是？」演講者衝到康傑前面，臉上掛滿友善的笑容，想讓康傑說「是」。

「當然不是。」康傑下意識地說。

「這怎麼可能！旅行者都失去理性了嗎？」演講者驚呼。

康傑問演講者：「你吃高麗菜嗎？」

演講者狐疑地說：「當然吃。」

康傑笑笑地問他：「所有的鵝都吃高麗菜，你也吃高麗菜，所以你是鵝。是不是？」

說完康傑便離開了。許多人開始指著演講者說：「你是鵝！」

不過這還不是最誇張的，不久後康傑遇見了一場難忘的法庭審判。

法官對證人說：「證人，以下請你本著誠實正直回答，絕不可以欺騙。」

「好的。」證人承諾。

「在傑克被殺害的那一天，你是否親眼看到伊森從傑克的房間出來。」法官慢條斯理地問。

證人點點頭：「是的，我親眼看見伊森從傑克的房間出來。」

「你後來到傑克的房間，看到了什麼。」法官追問。

「我看到他已經死了。」

「罪證已經很清楚了，伊森是最重要的嫌疑者。」法官準備作最後的宣判。

「法官大人，可是在伊森從傑克的房間跑出來以前，我還看見一個人進出過傑克的房間。」證人突然開口，這當然是非常重要的資訊。

（什麼？）康傑在心裡驚呼：（搞不好這人才是犯人吧！）

「可是你說的這件事，根本不在準備的問題之中，你只要照提問回答就可以了。」法官嚴肅地說。

證人有點不知所措：「法官大人，可是這件事會影響到判決吧！」

「那是你以為會，那是你的偏見，判決是由法官進行的，只要回答法官的問題就好。」

「法官大人，可是……」證人還想再多說什麼，卻被法官打斷。

「夠了，沒問部分不必多嘴了，再多說一句話，我就告你妨礙法庭。」法官厲聲道，證人不再說話了。邏輯祕典23C

康傑注意到有人拉了拉他的衣袖，是一名白髮老人，老人對康傑問：「旅行者嗎？」

康傑點點頭。

老人示意康傑跟隨，兩人離開了人群，來到一個可以俯瞰城市的小土坡上。

「這真是個美好的城市，不過以前比現在更美好。」老人終於開始說話。

康傑問：「怎麼說呢？」

老人嘆了一口氣說：「荒謬的事情每天都在發生，我只是身體老了，還沒有失去判斷的能力。剛剛那種判決真是可怕極了。」

「所以以前不是這樣？」康傑以為這裡一直以來如此。

「這裡以前曾是追求真理與智慧的國度，為了獲得好的意見，更完整的想法，我們鼓勵每個人提出自己的想法。」

「後來呢？」康傑又追問。

「後來大家發現想法除了跟智慧有關，也跟利益有關。」老人笑笑地說。

「所以大家就變成只為了利益堅持自己的想法，完全不管真相了，對嗎？」

「對，他們可以因為自己的偏見犧牲掉任何事，就像審判那樣。」老人邊說邊嘆氣。

「但還是有您這樣的智者。」

「我不是智者，我只是普通老人。每個人都有偏見，也該盡力修正自己的偏見。但本國人不是如此，他們永遠在攻擊別人，他們喜歡質問這是『誰』的真理，但真理不該屬於誰，真理就不該加上『誰的』。」 邏輯祕典23D

康傑與老人談完話後離開了這個國家，他在旅行紀錄裡劃掉了「真理之國」，寫下了「偏見之國」四個字，不過他很確定偏見之國裡至少有一個人不只受限於自己的偏見。

邏輯祕典23A——每一個人的判斷與見聞多少受到自己過去生命經驗的限制，自然是有限的。當與別人產生衝突時，如果能發現立場不同的原因，自然有機會解決衝突，並增加自己的知識。直接怪罪別人不只無法解決問題，還有些愚蠢。偏見是一種精神的牢籠，關在裡面算不上什

麼光彩的事。

邏輯祕典23B— 這是一個錯誤的推理。我們再舉一個例子，從「當紅藝人收入很高」與「你收入很高」當然不能推出「你是當紅藝人」。當紅藝人的老闆可能賺的比他更多。

邏輯祕典23C— 有時新的線索或證據會從根本上改變我們原來的看法，但偏見會阻止我們看見這些。掙脫偏見有點像吃飯，沒有一勞永逸永絕偏見的方法，就像無法一勞永逸不吃飯一樣。只有持續的警覺與修正有機會抵抗。

邏輯祕典23D— 每個人都有偏見，但每個人也可以由別人的角度，或世界中的證據，去修正自己的偏見，發現真相是如何。真相並不屬於誰，而只是事實如此。

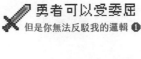

勇者挑戰

1. **這個國家「自稱」為？**

A. 話語之國　B. 偏見之國　C. 真理之國　D. 進步之國

2. **以下何者「不是」這個國家人的特色？**

A. 他們彼此指責，認錯的都是對方
B. 他們想太多而不去做
C. 他們無法意識到自己的偏見
D. 他們無法拓展自己所知所見

3. **老人提到人們喜歡問「我們追求的真理到底是誰的真理？」，他認為？**

A. 這問得非常好
B. 人們應該追求自己的真理
C. 人們應該追求兩個人共有的真理
D. 真理就不該加上「誰的」

4. **康傑認為這個國家真正的名字應該是以下何者？**

A. 話語之國　B. 偏見之國　C. 真理之國　D. 進步之國

二十四、情之國

經過漫長的旅行，康傑終於抵達了不斷派刺客殺他，又攻滅了不少國家的情之國。情之國的皇宮蓋在一個小山坡上，在城外就可看到，建築風格堅固挺拔，情之國城門口有座石碑，碑上寫著：「比起理性，我們更是有感情的人類。」（邏輯祕典 24A）

就第一眼而言情之國是個滿好的國家，城牆高聳堅實，街道整齊寬闊，城區有個乾淨的大市場，公共設施不少，街道上談話、買賣的人們充滿活力，直到晚上部分區域都還熱鬧營業，充滿了生命力。

很不引人注意的康傑順利找著了旅店，隔日起床後在樓下用餐，餐飲水準一般。但含他在內三位用餐的客人，點的食物一樣，價錢卻不同。

（就算外來客比較便宜，本地人價錢也應該相同才對。）康傑可不想當冤大頭。

依慣例導遊已經在門外等他，康傑今天多戴了風帽，想更不引人注目一些。他也說明了自己特殊的聽覺狀況。

導遊介紹：「本國特別的傳統是不相信理性。這個城起初是由一群追求理性的人們建立，他們選出了最理性的人當王，用聰明的法律來統治。但國家建立後天災不斷，陷入長期的內亂，第一王朝被推翻之後，祖先們便發誓不再相信理性，或任何宣傳理性好處的人。」

康傑調皮地說：「你們最後的決定倒十分理性。」

導遊白了他一眼然後說：「祖先們發現放任情緒的起伏，過得既自由又愉快，便把人身上的情感視為最珍貴的寶藏，這個想法傳承成了本地的思考習慣。」

「所以說商品的價錢，也都是照老闆心情給定的？」康傑想起旅店裡的事。

「是的，所有商品價錢都是不固定的。所有人都可以這樣，所以大家也不覺得不公平。」

「萬一，有人帶著錢來吃飯，但老闆開的價錢超過所帶的錢，怎麼辦？」康傑邊問邊數著自己的錢包裡的錢。

「那他可以回家去拿，或換個地方吃。」導遊稀鬆平常地說著康傑不敢恭維的事。

「這對我來說是種不方便。」

「別以為我們的判斷隨便，很多時候我們考慮的比理性更全面。例如：固定的價錢很容易忽略貧富差距。有些金額對有錢人來說太少，對窮人卻很龐大。」

說著說著兩人來到了市政廣場，有群人圍著一個哭泣的人。

「各位同胞們！」那人語調與表情皆極其誇張，他拿著一根鞭子抽打自己，痛哭流涕。

康傑猶疑地問：「請問那是？」

導遊像是介紹當地名勝一般地說：「這是本國的議員候選人，有些官職是用選舉的，他過去曾因貪汙被革職，現在再度出來請大家支持。」

「再度請大家支持？他不是曾貪汙過嗎？」康傑心想自己可不會再投給貪汙過的人。

「可是你看他這次哭得這麼懇切，都開始打自己了，我想應該是有所覺悟了！這比上上一次貪汙之後出來時更悔恨了。」導遊為貪汙犯解釋。

康傑簡直不敢相信自己的右耳：「還有上上一次？這人貪汙的機會不是很高嗎？」

「很高也不能確定下次一定會貪汙啊！你們這些光用理性的旅行者，其實你們並不比我們更懂，我們是試圖看透他的內心。」導遊聳一聳肩，但康傑感覺那只是裝出來的「內心」。

邊走邊說的兩人遇到警察在路邊處理一宗竊案，警察抓到了兩個人，但不確定是哪一個。

「警察大人！不能因為我有前科，就認為我一定會犯下竊案啊！」年輕男子說。

「警察大人！我是一個從來沒犯過罪的人，我絕不會偷竊啊！」一個中年男子也為自己辯解。

兩人高喊自己的無辜，一個抱住警察左腿，一個抱住警察右腿，不肯起來。

警察突然問：「導遊先生，你說呢？」

導遊突然被指名而嚇了一跳：「我？我也看不出來！」

警察看了看旁邊的康傑：「旅行者嗎？那你說說看呢？」

「我？」康傑很訝異，沒多想地說：「我不知道，應該調查一下案發當時兩人在哪裡吧？」

警察嗤之以鼻：「真是個旅行者！你說的只是理性的想法，但這些很容易被矇騙！即使案發時有人證明，也不見得全然可信。」

導遊點點頭：「是的。而且犯人往往就會利用這一點為自己脫罪，我們還是得看透他們的心。」邏輯祕典24B

警察無奈地說：「既然大家都看不出來，那我只好使出最後的手段了。」

他拿出兩隻籤，抽籤後，中年男子被帶走了。

年輕男子看見警察離開後，吐了一下舌頭，被眼尖的康傑看見。

康傑：「你們可能抓錯人了，那年輕男子剛吐了一下舌頭。」

導遊反問康傑：「吐舌頭？無辜的人就不能吐舌頭嗎？你這理由也太薄弱了。抽籤是我們國家最公平的對待了，抽籤就是神的意志！」✎邏輯祕典24C

康傑實在無法認同「這一種」神的意志。

康傑與導遊看見一大群人圍著一張公告，便好奇去看，看了一眼可不得了，因為公告上畫的就是康傑。

「這幅畫像裡的人長得好像國王！為什麼國王被通緝？」

「別亂說，這是通緝犯，應該是假冒國王的人吧？」

「名叫康傑？我怎麼覺得在哪聽過這個名字？」

導遊也看了公告，他轉過頭來指著康傑大叫：「這不就是『你』嗎？」

康傑很少被這麼多人同時注意到，驚了幾秒，結果圍住康傑的人越來越多。帶頭群眾喊道：「太好了，這是天意，你逃不掉了。」

康傑一想，雖然現在就動手勉強能打，但附近有一整群全副武裝的士兵，萬一有勇者就不好了。更何況刀劍無眼，在大街上讓這麼多人喪命也是不智。

他突然靈機一動，想起自己藥草包裡，有會讓人流淚的藥。他馬上搓揉這些藥，用手蓋臉把藥揉進眼睛裡，掩面大哭了起來。

康傑不斷流淚：「天啊！為什麼要讓我這樣！我根本不是那人卻要死在這裡嗎？」眾人一驚停止了前進。

「為什麼？只因為有一點像某個壞人，我就要被冤枉嗎？」康傑放下雙手，擺出投降的樣子，他眼中全是淚水，還不停地流下來。

「怎麼會這樣？」走在最前面的男子道。

「我們會不會怪錯人了？」後面有人開始說。

「我覺得其實不像耶？」

「對啊，你看他的眉毛，其實跟畫的不太一樣。」

「他看起來極其悲傷，應該是被冤枉的。」

「他一定是被冤枉的，我可以直接感受到被冤枉的感覺！」

康傑的裝哭計策比他原先想得更成功，大家把康傑扶起來，向他道歉，他成功回到了旅店，也沒有人再懷疑他。康傑又再次體驗演戲的感覺，既成功又開心。

「這件事也該做個了結了。」康傑對自己說。

邏輯祕典 24A —「情感」對人類生活來說也是很重要的元素，我們不會認為麻木不仁甚至無故哭鬧的人是理智健全的人，理智健全也包含情感的表現正常。

邏輯祕典 24B — 但如果完全聽任情感的擺布，又會是怎麼樣的光景呢？那大概就只能憑眼前的、感覺的、甚至是運氣式的指引行事，缺乏深思熟慮的理性，結果就是混亂無章。

邏輯祕典 24C — 沒有理性無法避免重複的錯誤，也無法公平地解決衝突，這些都會給人帶來很大的困擾。雖然理性不是萬靈丹，卻是人類生活必要的養分，沒有它人類將停留在混亂與錯誤之中。

勇者挑戰

1. **這個國家的名字是？**

A. 理之國　B. 情之國　C. 情理之國　D. 理情之國

2. **這個國家的特色是什麼？**

A. 相信理智不相信情感　B. 相信情感不相信理智

C. 理智與情感都不相信　D. 理智與情感都相信

3. **這個國家中的人如何贏得別人的信任？**

A. 推理給別人聽　B. 用權威的力量

C. 用激動的情感來說服別人　D. 完全不管別人的看法

4. **這個國家中的人如何解決爭執不下的問題？**

A. 推理，仔細推敲　B. 先收集證據，等過一陣子再決定

C. 依先後順序決定　D. 抽籤決定

二十五、皇宮裡的小敘

準備了兩天，康傑把馬車藏在城外，穿上最好的盔甲，帶好各色武器、機關與隱形戒指，隻身回到了情之國城內。他在黃昏市場買了匹馬，騎上馬在城裡奔馳。

士兵大喊：「這裡不許騎馬奔馳。」

一名士兵想制止康傑，但康傑早有準備，他策馬加速並高舉長柄戰錘，錘心在空中劃過一個優美的弧度，然後將這位戴著頭盔的士兵砸昏。

就在大家還不知道該如何反應的時候，康傑掏出火種，點火後扔向一處囤好的易燃稻草，市場一角瞬間燃起大火，群眾慌亂四竄，士兵不知道該去追他還是滅火。

康傑在天色漸暗的城裡奔馳，依規劃好的路線放火，茅草屋頂燃起熊熊大火。偶爾有想阻止他的平民跟士兵，都被騎馬的他以戰錘擊昏。太陽下山速度很快，不久便入夜，情之國反而因多處起火而十分明亮。

士兵長大喊：「快抓住他！」

民眾大喊：「失火了！快來幫忙。」

康傑看起來是逐漸往城外跑，但其實沒離開皇宮中心大道。

士兵慌張報告：「有一個人在城裡四處放火，打暈了七八個士兵。」

禁衛隊長怒吼：「大膽！給我帶上來，我當場處置他。」

「不，隊長，我們還沒抓到他，他還在城裡亂跑，現在民眾跟士兵都亂成一團，不知該先救火還是抓他？」

「連一個人都抓不到？開什麼玩笑？」禁衛隊長面露青筋。

整城士兵開始四散包圍康傑。感受壓力的康傑棄馬在巷弄間躲藏。

「他就在這區，圍起來一間間搜。」小隊長高喊。

與此同時，康傑在無人的角落，拿出寶貴的戒指進入了五分鐘的隱形狀態。

他穿過中心大道直奔皇宮，皇宮裡士兵數目大減，全在城市裡抓捕他。

他迅速上到二樓，隱形時限已近，他打暈了一個巡邏士兵，想換上盔甲，卻發現尺寸不合。

「沒辦法，就這樣吧！」康傑隨性地說。

康傑扛著一把實木的雙手大劍疾跑，前後遇到兩組衛兵，都被快劍解決了。爬上三樓的康傑終於在最後一道門前遇見了可敬的對手。

康傑的個子已經滿高的，那是一個比他更高的，像小巨人一樣的侍衛長，手裡拿著一把大木槌。這木槌簡直就是一把攻城槌，康傑知道被那把大槌子砸到一定會當場斃命。

康傑對他射出一支弩箭，侍衛長以閃電般速度閃過，又是勇者。侍衛長奮力揮舞巨槌，康傑也以不到半秒之差閃過，槌子砸在牆上，牆壁出現裂痕。

康傑很清楚這一戰絕不輕鬆，他連退三步，深呼吸一口。

「誰！你好大膽子。」侍衛長指著康傑說，厚實的聲音對同伴來說是安心的象徵，對康傑可就是危險的號角了。

「應該不如閣下。」

康傑感覺對手的戰鬥力在自己之上，但時間緊迫，要贏只能賭一把。幸運的是因為巨槌太重，侍衛長上半身只穿著背心式的軍服，露出山脈般隆起的肌肉。康傑看得見他的肌理，身為醫生，連他的關節位置都能抓的不差偏毫。

康傑向前疾衝，故意大動作從上往下劈砍，引侍衛長格擋。急於求功的侍衛長果然以槌擋劍，他想在交鋒時把康傑的大劍頂飛。噹的一聲，兵刃相交，就在雙方出力較勁的一瞬間，侍衛長成功了，康傑鬆手放開了劍，讓他上推的力量撲了個空，整個人微微騰空，康傑利用這難以施力的一刻，近身扣住他右手臂與肩膀的交界，以一個醫生而不是勇者的眼光，瞬間推拉讓侍衛長左手從肩膀處脫臼。即便如此吃痛對手卻未有一絲悶哼，康傑很是佩服。

康傑一擊得手後立刻後退，侍衛長只能用右手抓住難以平衡的大木槌，康傑從腰後抽出短劍，往侍衛長左側身後繞圈，砍中對手後背。憤怒的侍衛長單手抓巨槌不好操作，開始像陀螺一般在原地旋轉。康傑不慌不忙，順手對他拋出一個瞬間冒出濃煙的竹筒，才幾秒鐘侍衛長就因吸入濃煙開始咳嗽。只一瞬間，康傑飛身扣住他後腦用膝蓋直擊正臉，終於將對手擊暈。

侍衛長倒地，康傑看到他的掌心有一個「5」字，對他說：「不好意思了，下次見。」

康傑打開國王寢宮的門，見到了另一個自己，每個角度都一模一樣。

「你來了？城裡混亂是因你而起吧？」國王笑笑地問。

康傑面前的是情之國國王，不過康傑一點也沒有害怕的神色。

「是我，不這樣我見不到你。」康傑平靜地說。

「我追著你變成你來找我。從什麼時候開始逆轉的？」一個與自己長得一模一樣的人，用著自信、開朗的笑容詢問。

康傑沒有回答，反而問了另一個問題：「我就直接問好了。你是我的哥哥，還是弟弟？」

「你怎麼知道？」國王微笑。

「其實蠻明顯的。一個長得一模一樣的人要殺我，國家不斷派出刺客，等我在街上聽到有人把我的畫像錯認為國王，事情清楚到沒有第二種可能。」

「算你聰明，如果記錄沒錯的話，你是弟弟。」國王拍手大笑。

康傑：「好久不見了，哥哥。」

國王：「好久不見了，弟弟。」

康傑注意到哥哥右手有一個「7」字，國王注意到康傑左手戴著手套。國王先問：「你的數字是幾？」

康傑回答：「一，那是什麼意思？」

「那是勇者的等級，我親愛的弟弟看來不太忠於勇者的職分。」

「不關你的事。」康傑微笑著說：「回到正題，我親愛的哥哥追殺我是因為，我對你的寶座有害，是不是？」

「是的，聰明的弟弟名不虛傳。一個國不該有兩個國王，否則就會內亂。」

國王邊說邊走到一個棋盤前，輕輕推倒對面的國王棋子。

「你太多心了。我對統治他人毫無興趣，你的寶座只有你自己喜歡。」康傑冷冷地笑。

「你不想要王位是嗎？你覺得我應該相信你嗎？」國王忽然收起了微笑，透露出一絲殺意。

「我們是雙胞胎，即便沒有一起長大，你還是有點感覺吧，哥哥。你覺得我是騙你的嗎？」康傑放軟語調，試圖說動國王。

「我也擔心你被利用。例如某支叛軍軟禁了你，拿你當反抗棋子。」國王語氣嚴肅，這的確是很嚴重的事。

「那正是我今天來的原因，我要來斷絕與皇家的關係。」康傑斬釘截鐵地說。

「斷絕與皇家的關係？」國王顯然沒想過這件事。

「是的，皇族可以與皇家斷絕關係，你可以保留這些合法文件，預防你說的叛亂，也能防我騙你。」康傑臉上沒有一絲猶豫。

「所以，你願意簽下與皇家斷絕關係的文件？」國王低聲詢問。

「我今天就是為此而來。」康傑微笑。

「我可不會讓你反悔喔！」國王以一種威脅的語氣對康傑說，但康傑無感。

「放心吧！我可待不慣這種地方。」比起皇宮康傑更喜歡野草與花。

「給我一點時間準備吧！這可是難得的兄弟相聚！」國王揮揮手，喚來僕人去準備文件，然後也準備了一些茶點。

國王與康傑坐著小聊一下，不出太久，大臣就拿著文件給康傑簽字，康傑與皇家斷絕關係。

國王命人收好文件，瞇著眼睛對康傑說：「不得不說，你的存在還是多多少少影響了統治。每一個你經過地方的人都無法忘記你。」

「國王陛下，不管他們再怎麼被我影響，依然是您的子民。」康傑特別恭敬地說，他已經不再是皇族了。

「你覺得受你的影響不會對我有危害？」

「陛下，我跟您不一樣，但從來不會對您造成危害。我只是針對混亂與錯誤反抗，除此之外，我的存在並沒有特殊的意義。如果您連一點不一樣想法的人都不能容忍的話，也許您並不適合擔任國王。」

國王哈哈大笑後說：「我說不過你，弟弟。我原來就是怕這一點，你比我更有統治的智慧。」

「這點我倒不確定。統治是讓眾多生命能夠和諧延續，這不一定是智慧的作用，您反而比我更有生命力。好了，不多說了，我得離開了。」

國王問：「你不在皇宮住一段時間嗎？我們畢竟是多年沒見的兄弟，還是雙胞胎。你可以享受一下皇家待遇。」

「國王陛下，我們現在是沒關係的人了，請恕我告退。」康傑頭也不回地離開。

康傑就這樣離開了皇宮，放棄了可能屬於他的王位。他繼續旅行，旅行中的見聞對他而言要比統治一個王國有趣千百倍。

邏輯祕典25

邏輯祕典25 — 本課沒有特定的主題，而是說明整個故事的劇情，康傑代表著邏輯思考的靈魂，在各地提出建議。康傑的孿生兄弟代表「情感」面。就筆者而言，情感才是人心真正的統治者，人依情感驅動生活。理性並不具有領土，而只是在各個小地方，不斷與混亂、錯誤以及激動的情緒作戰。如果本書真有主軸，主軸就是：邏輯只是對混亂與錯誤的反抗。康傑最後放棄了統治，因為邏輯並不適合統治。康傑每一個幫助的人或地方，就是邏輯思考習慣作用的結果。雖然並非每處都有快樂結局。這不是康傑故事的結束，他結束了這段冒險，繼續投入了另一場新的冒險，就像各位心中閃亮的靈魂一樣。

勇者挑戰

1. 康傑說他跟國王不一樣，卻不會對國王的統治造成危害，因為？

A. 他自己缺點也不少
B. 他說統治不一定是智慧的作用
C. 他害怕國王會殺了他
D. 他知道自己根本沒用

2. 康傑認為他的哥哥更適於統治，是因為？

A. 他哥哥更加聰明
B. 他哥哥更加無情
C. 他哥哥更加努力
D. 他哥哥更有生命力

3. 康傑的哥哥代表的是人心中哪一個部分？

A. 理性
B. 慾望
C. 記憶
D. 情感

4. **筆者最後提到，如果本書真有所謂主軸，那主軸應該是？**

A. 人應該受邏輯的統治

B. 人只應該受邏輯的統治

C. 邏輯只是對混亂與錯誤的反抗

D. 邏輯毫無用處

參考答案

1. A B D A
2. C A C B
3. D C A B
4. B C A C
5. A A C D
6. A B C C
7. B B A D
8. C D D C
9. D C D B
10. C A C D
11. B C D D
12. A C C D
13. A B D B
14. C D B A
15. C A B B
16. B D D A
17. B A A B
18. A C C A
19. D C A B
20. C A B A
21. A A A D
22. B A D A
23. C B D B
24. B B C D
25. B D D C

教室裡有一頭大象——思考、思考、講道理

冀劍制 著

英文常以「房間裡的大象」來表達明顯卻視而不見的事物。這樣的情況出現在孩子的教育上，就像大象跑到教室裡，變成了「教室裡的大象」。思考與講道理經常為人所忽略，但這卻是引導孩子養成素養的第一步。讓我們一起透過故事，看見原先忽略的「教室裡的大象」！

國家圖書館出版品預行編目資料

勇者可以受委屈，但是你無法反駁我的邏輯（一）／
Cibala著.——初版一刷.——臺北市：三民，2024
面；　公分.——（Think）

ISBN 978-957-14-7719-0（第1冊:平裝）
1. 邏輯

150　　112018731

Think
勇者可以受委屈，但是你無法反駁我的邏輯（一）

作　　者	Cibala
責任編輯	朱仕倫
美術編輯	黃子庭
發 行 人	劉振強
出 版 者	三民書局股份有限公司
地　　址	臺北市復興北路 386 號 (復北門市)
	臺北市重慶南路一段 61 號 (重南門市)
電　　話	(02)25006600
網　　址	三民網路書店 https://www.sanmin.com.tw
出版日期	初版一刷 2024 年 1 月
書籍編號	S100500
I S B N	978-957-14-7719-0